알기 쉽고 재미있는

중앙 한국어

5

문법

대표 저자 이찬규(중앙대학교 국어국문학과 교수)

고랑원(중앙대학교 한국어교육원 강사)
고예진(중앙대학교 한국어교육원 강사)
고혜원(중앙대학교 다빈치교양대학 교수)
김선미(중앙대학교 한국어교육원 강사)
김지연(중앙대학교 한국어교육원 강사)
양명희(중앙대학교 국어국문학과 교수)
유해준(남부대학교 교양학부 조교수)
윤경선(중앙대학교 다빈치교양대학 강사)
이유미(중앙대학교 다빈치교양대학 교수)
이정숙(중앙대학교 한국어교육원 강사)
이혜선(중앙대학교 한국어교육원 강사)
이　훈(중앙대학교 한국어교육원 대표책임강사)
임현열(중앙대학교 다빈치교양대학 교수)
조윤정(중앙대학교 한국어교육원 강사)
조윤희(중앙대학교 한국어교육원 강사)
차준우(중앙대학교 한국어교육원 강사)

알기 쉽고 재미있는
중앙 한국어 5 문법

초판 1쇄 발행　2019년 2월 28일
초판 2쇄 발행　2021년 2월 15일

대표 저자 | 이찬규 외
발행 | 중앙대학교
등록 | 제14-1호(등록일: 1977. 8. 31.)
주소 | 서울 동작구 흑석로 84
전화 | 02-820-6137
전송 | 02-822-5495

판매처 | (주)태학사
등록 | 제406-2020-000008호
주소 | 경기도 파주시 광인사길 217
전화 | 031-955-7580
전송 | 031-955-0910
전자우편 | thspub@daum.net
홈페이지 | www.thaehaksa.com

값 15,000원

ISBN 978-89-7207-906-4　04710
　　　978-89-7207-905-7　04710(set)

KOMCA 승인필

알기 쉽고 재미있는

중앙 한국어

5

문법

중앙대학교 한국어교육원 한국어 교재 편찬위원회

CAU 중앙대학교

| 머리말 |

중앙대학교에서 한국어교육원을 개원하고 한국어 교육을 본격적으로 시작한 지가 벌써 15년 정도가 되었다. 한국어교육원을 시작할 때만 해도 대학에서 가르칠만한 한국어 교재가 몇 종밖에는 없었는데, 2018년 현재 시점에서 보면 대학마다 직접 개발한 한국어 교재만 해도 수십 종에 이른다. 중앙대학교 한국어교육원에서는 2006년 첫 교재 개발 작업에 들어가 2012년에 이르러서야《중앙 한국어》1~4권이 출간되었다. 각 권을 상·하로 분책하고 각 급별 워크북까지 제작하여 총 권수가 12권에 이르는 방대한 작업이었다. 임시 교재를 완성한 뒤 그 교재로 강의를 해 보고, 문제점을 발견하여 재수정 작업을 거치면서 보다 실질적으로 학습 효과를 높일 수 있는 교재를 만드는 방식으로 작업을 하다 보니 시간이 많이 걸렸다. 집필진만 22명에 이를 정도로 많은 사람들의 노고가 집약된 결과물이었다. 그동안 이 교재로 공부한 학생들의 만족도도 높은 편이고, 학생들의 한국어 구사 능력도 단기간에 기대 이상으로 높아져 효과를 거두었다고 자평해 왔다. 그러나 2012년 이후 몇 년이 지난 시점에서 벌써 교재에 나온 상황이 과거의 것들이 많고, 분량도 압축하자는 의견이 많아 개정판을 내게 되었다. 1~4권 개정과 동시에 그동안 미루어 왔던 5~6급 교재를 함께 출간하기로 하고, 2015년 첫 모임을 갖고 그동안 논의만 해 오던 고급 한국어 교재 작업을 구체화기로 하였다. 이로써 중앙대학교 한국어교육원에서 편찬한 교재가 1급에서 6급까지 완성된 틀을 갖추게 되었다. 1~4권은 통합교재의 형식으로 만들고, 5~6권은 영역별 교재의 형식으로 만든 이유는 이러한 방식의 교재가 한국 대학에 와서 공부하려는 외국 학생들에게 가장 효과적인 방식이라고 보기 때문이다. 그만큼 이 교재는 대학 생활을 기반으로 한 한국어 습득에 초점이 맞추어져 있으며, 대학이나 대학원에 진학해서 바로 적응할 수 있도록 교과 내용이 구성되어 있다.

모든 책에는 저자들의 철학이 반영된다. 한국어 교육 교재라고 예외일 수는 없다. 이 책은 제목에서도 나와 있듯이 "알기 쉽고, 재미있어야" 한다는 철학이 반영되어 있다. 한국어가 배우기 어려운 언어라는 편견을 불식시키기 위해서는 한국어 교육자들의 노력이 많이 필요하고, 그것의 가장 핵심적인 작업이 교재 편찬이라고 본다. 한국어 배우기가 재미있고, 한국어에서 아름다움과 정밀함을 느껴야 한다. 이러한 점이 반영되도록 이번 편찬 교재에서는 유튜브 등 다양한 매체를 활용하여 교육을 할 수 있도록 하였고, 보다 재미있고, 다양한 활동들을 삽입하였다.

이 교재 작업의 헌사를 일일이 다 하기는 지면이 충분하지 않지만 그래도 가장 먼저 이 교재의 집필에 참여해 주신 분들의 노고를 잊을 수 없다. 이 책의 편찬 철학이 교재 전반에 반영되도록 집필 과정에서 열정적으로 수정 작업을 계속해 준 스무 분의 저자와 세 분의 보조원들께 가장 먼저 감사의 말씀을 드린다. 수없이 계속된 교재 편찬 회의에 즐겁게 참여해 준 덕분으로 이 책이 쉽고, 재미있어졌으리라 확신한다. 저자들과 호흡을 맞춰 이 책이 출간되는 전 과정에서 행정 지원을 아끼지 않으신 한국어교육원과 산학협력단 관계자분들께도 감사의 말씀을 드린다. 또한 부담이 될 정도의 많은 화료(畵料)와 편집료를 감당해 가면서도 기꺼이 출판을 맡아주신 태학사의 지현구 사장님과 편집진들께도 지면으로나마 감사의 말씀을 전한다.

주지하다시피 교재에서 완성판이란 존재하지 않는다. 앞으로도 계속해서 한국어 교육에 관한 좋은 이론과 방법이 나올 것이고, 그에 따라 또 교재를 개편하는 작업을 해 나가야 할 것이다. 사회적인 분위기나 기술의 발달로 인해 변화의 속도가 빠른 만큼 앞으로는 디지털 교재(E-BOOK)를 추진할 필요가 있다. 한글이 세계에서 가장 우수한 문자이듯이 한국어도 세상에서 가장 배우기 쉽고, 재미있는 언어라는 생각이 들도록 중앙대학교 한국어교육원이 책임감을 가지고 교재를 편찬하고, 교육 방법을 개발해 나갈 것이다.

2018년 9월 1일

대표저자 이찬규(중앙대학교 국어국문학과 교수)

| 일러두기 |

《알기 쉽고 재미있는 중앙 한국어 문법 5》는 외국어로서의 한국어를 배우는 외국인들을 위해 중앙대학교 한국어교육원이 개발한 한국어 교재이다. 기존의 1~4급 통합 교재와 달리 언어 기능별 분리형 교재로 이 교재에서는 문법적 특징이 유사하거나 비슷한 의미를 가진 문법 항목들을 묶어 범주화했다. 이렇게 범주화한 것은 고급 학습자들이 이해하는 데 좀 더 효과적이고 초, 중급에서 배운 문법들과 쉽게 비교하기 위해서이다.

이 교재는 『국제 통용 한국어 교육 표준 모형 개발 2단계』의 고급 문법 항목을 바탕으로 각 대학 부설 기관에서 사용하는 고급 교재들을 비교하여 총 72개의 세부 항목을 선별하였다. 이를 비슷한 항목끼리 묶어 5급 19개, 6급 18개 범주로 구성하였다.

이 교재는 문법 항목별로 문법에 대한 설명과 예문을 제시하였고, 연습 문제를 통해 학습한 내용을 확인할 수 있도록 구성하였다. 각 문법 항목에 사용된 예문과 연습 문제의 문장들은 고급 수준의 문장이나 전형적인 담화 텍스트를 제시하였다.

단원 표지

각 단원 첫 장에는 학습할 범주의 의미를 유추하기 위해 삽화나 사진과 같은 시각 자료를 제시하였다.

도입

문법 설명 전 학습자들의 학습할 문법 항목의 의미를 유추해 보기 위해 문법 항목의 전형적인 예문을 제시하였다.

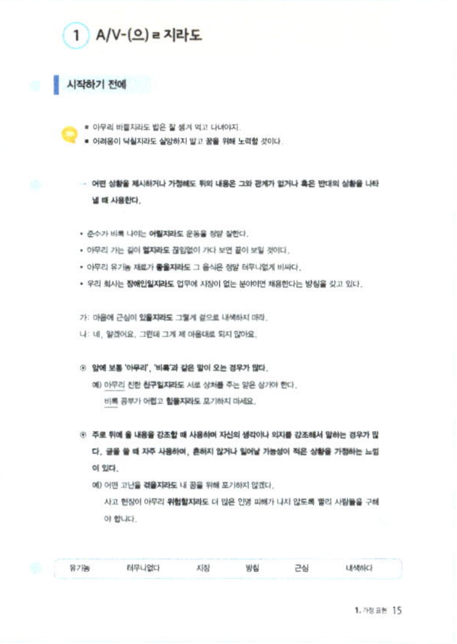

설명

학습할 문법의 의미를 제시하는 단계로 문법의 의미를 시작으로 통사, 화용적 특징 및 제약들을 정리하였다. 먼저 문법의 의미를 제시한 후 통사적 특징이나 여러 제약들을 단계별로 제시하였다. 그리고 해당 문법에 맞는 문장이나 전형적인 담화 텍스트로 구성하였다.

어휘

중앙 한국어 1~4급 교재 외에 새로 나온 어휘를 교재 하단에 제시하였다.

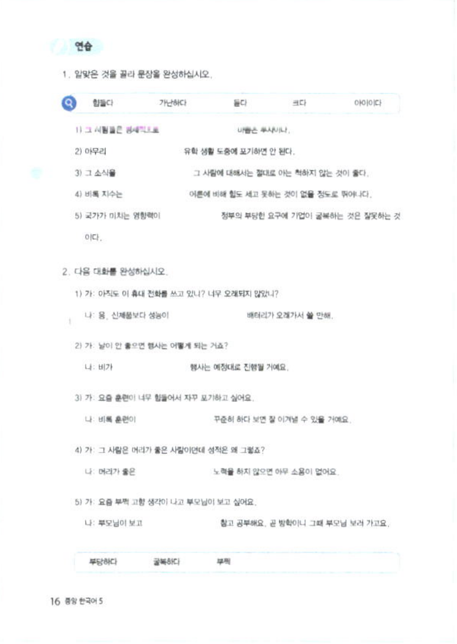

연습

학습한 문법을 이해하여 활용할 수 있는 문제로 구성하였다.
해당 문법을 이해하고 단순 연습하는 문제에서 해당 문법을 바탕으로 대화나 담화 맥락에서 활용하는 연습까지 단계적으로 구성하였다.

확장

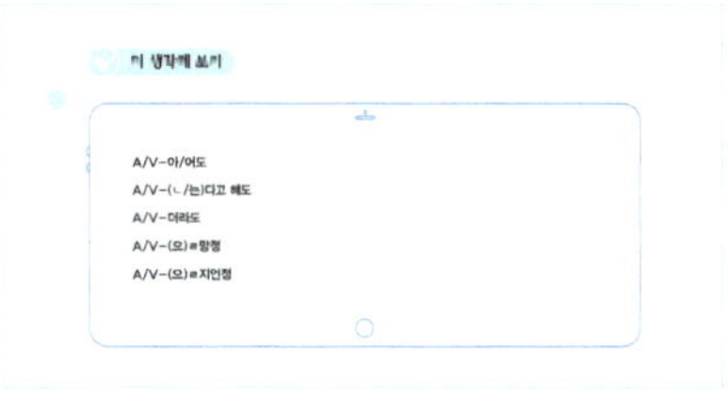

학습한 문법과 유사한 문법을 제시하여 초, 중급에서 배운 문법을 정리하고 비슷한 의미의 문법을 정리할 수 있도록 제시하였다.

| 차례 |

1

가정 표현

① A/V-(으)ㄹ지라도
② A/V-(으)ㄹ망정
③ A/V-(으)ㄹ지언정

1 A/V-(으)ㄹ지라도

시작하기 전에

- 아무리 바쁠지라도 밥은 잘 챙겨 먹고 다녀야지.
- 어려움이 닥칠지라도 실망하지 말고 꿈을 위해 노력할 것이다.

⋯› **어떤 상황을 제시하거나 가정해도 뒤의 내용은 그와 관계가 없거나 혹은 반대의 상황을 나타낼 때 사용한다.**

- 준수가 비록 나이는 **어릴지라도** 운동을 정말 잘한다.
- 아무리 가는 길이 **멀지라도** 끊임없이 가다 보면 끝이 보일 것이다.
- 아무리 유기농 재료가 **좋을지라도** 그 음식은 정말 터무니없게 비싸다.
- 우리 회사는 **장애인일지라도** 업무에 지장이 없는 분야이면 채용한다는 방침을 갖고 있다.

가: 마음에 근심이 **있을지라도** 그렇게 겉으로 내색하지 마라.
나: 네, 알겠어요. 그런데 그게 제 마음대로 되지 않아요.

⊙ **앞에 보통 '아무리', '비록'과 같은 말이 오는 경우가 많다.**

예) 아무리 친한 **친구일지라도** 서로 상처를 주는 말은 삼가야 한다.
비록 공부가 어렵고 **힘들지라도** 포기하지 마세요.

⊙ **주로 뒤에 올 내용을 강조할 때 사용하며 자신의 생각이나 의지를 강조해서 말하는 경우가 많다. 글을 쓸 때 자주 사용하며, 흔하지 않거나 일어날 가능성이 적은 상황을 가정하는 느낌이 있다.**

예) 어떤 고난을 **겪을지라도** 내 꿈을 위해 포기하지 않겠다.
사고 현장이 아무리 **위험할지라도** 더 많은 인명 피해가 나지 않도록 빨리 사람들을 구해야 합니다.

유기농	터무니없다	지장	방침	근심	내색하다

연습

1. 알맞은 것을 골라 문장을 완성하십시오.

힘들다	가난하다	듣다	크다	아이이다

1) 그 사람들은 경제적으로 ______________ 마음은 부자이다.

2) 아무리 ______________ 유학 생활 도중에 포기하면 안 된다.

3) 그 소식을 ______________ 그 사람에 대해서는 절대로 아는 척하지 않는 것이 좋다.

4) 비록 지수는 ______________ 어른에 비해 힘도 세고 못하는 것이 없을 정도로 뛰어나다.

5) 국가가 미치는 영향력이 ______________ 정부의 부당한 요구에 기업이 굴복하는 것은 잘못하는 것이다.

2. 다음 대화를 완성하십시오.

1) 가: 아직도 이 휴대 전화를 쓰고 있니? 너무 오래되지 않았니?

나: 응, 신제품보다 성능이 ______________ 배터리가 오래가서 쓸 만해.

2) 가: 날이 안 좋으면 행사는 어떻게 되는 거죠?

나: 비가 ______________ 행사는 예정대로 진행될 거예요.

3) 가: 요즘 훈련이 너무 힘들어서 자꾸 포기하고 싶어요.

나: 비록 훈련이 ______________ 꾸준히 하다 보면 잘 이겨낼 수 있을 거예요.

4) 가: 그 사람은 머리가 좋은 사람이던데 성적은 왜 그렇죠?

나: 머리가 좋은 ______________ 노력을 하지 않으면 아무 소용이 없어요.

5) 가: 요즘 부쩍 고향 생각이 나고 부모님이 보고 싶어요.

나: 부모님이 보고 ______________ 참고 공부해요. 곧 방학이니 그때 부모님 보러 가고요.

부당하다	굴복하다	부쩍

3. 다음을 읽고 대화를 완성하십시오.

최근 명품 떡볶이라며 1인분에 삼 만원이나 하는 떡볶이가 등장했다. 이 떡볶이는 유기농 쌀로 만든 떡과 주인이 직접 기른 유기농 채소와 손수 만든 어묵으로 하루에 50인분만 만든다. 손님들은 만드는 모든 과정을 인터넷으로 볼 수 있고, 예약하지 않으면 살 수도 없다고 한다.

▼

가: 이 기사 봤어? 이 떡볶이에는 유기농 쌀로 만든 떡에 주인이 직접 기른 유기농 채소가 들어간대. 어묵도 직접 만든대.

나: 뭐? 떡볶이 1인분에 삼만 원? 아무리 좋은 재료를 사용해서 1) ____________ 떡볶이 1인분에 삼만 원이나 한다는 것은 너무한 것 같은데.

가: 요즘 떡볶이 가게에서 파는 재료의 상태가 좋지 않다는 기사를 봤어. 무슨 재료를 어떻게 만드는지도 모른 채 먹느니 가격은 2) ____________ 믿을 수 있고 건강에도 좋은 음식을 먹는 것도 난 괜찮다고 생각해.

나: 그래도 난 너무 비싼 것 같아. 기사의 내용이 3) ____________ 나는 공감하기 어려워.

4. 알맞은 것을 골라 〈오늘의 운세〉 내용을 완성하십시오.

나오다	답답하다	사람이다

띠	오늘의 운세
 쥐	무심코 한 말이 와전되어서 언쟁이 될 수 있다. 아무리 가까운 1) ____________ 언행을 함부로 해서는 구설을 면치 못한다.
 소	2, 7, 11월생 부담스럽게 책임질 일이 생길 수 있으니 문서 관계를 조심하고 언행에도 신중해야 한다.
 호랑이	상대가 강하게 2) ____________ 감정을 억제하고 지혜롭게 대처하라. 윗사람의 비위를 건드리지 마라. 자리가 위태롭다.
 토끼	벌여 놓은 일들이 아직은 3) ____________ 느긋한 자세로 조금만 기다리면 의외로 성과 있을 듯.

명품	와전되다	언쟁	구설	비위	위태롭다	윗사람	공감

더 생각해 보기

A/V-아/어도

A/V-(ㄴ/는)다고 해도

A/V-더라도

A/V-(으)ㄹ망정

A/V-(으)ㄹ지언정

2 A/V-(으)ㄹ망정

시작하기 전에

- 나는 도시에 살망정 고향 마을을 잊은 적이 없다.
- 시험에 불합격될망정 부정행위는 절대로 하지 않겠다.

1. 앞에 오는 사실에도 불구하고 뒤에서는 그와 반대되는 다른 사실을 이어 말할 때 사용한다. 앞에서는 주로 부정적인 사실이 오며, 뒤에서는 이와 대립되는 사실이 오거나 조금은 긍정적인 사실이 온다.

- 비록 몸이 **불편할망정** 마음은 다른 사람들보다 더 건강하다.
- 아파서 학교에 제대로 못 **다녔을망정** 공부를 게을리 하지는 않았다.
- 지수는 그 모임에서 가장 나이가 **어릴망정** 철없는 행동은 하지 않는다.

가: 이번 연구도 또 실패했다면서요?

나: 네, 연구는 **실패했을망정** 좋은 경험과 사람들을 얻었으니 괜찮아요.

2. 앞에서 어떤 부정적인 상황을 가정하면서 뒤에서는 그와 반대되는 상황을 강조하여 말할 때도 사용한다. 동사 뒤에서만 사용한다.

- 차라리 굶어 **죽을망정** 너에게 도움을 청하는 일은 없을 거야!
- 유미는 평생 혼자 **살망정** 그런 사람하고는 결혼하고 싶지 않았다.
- 그는 자신의 목숨을 **버릴망정** 명예를 더럽히지 않겠다고 다짐했다.

가: 엄마, 오늘 목이 아프고 몸이 안 좋은데 결석하면 안 돼요?

나: 안 돼. 가서 조퇴를 하고 **올망정** 학생은 학교를 꼭 가야 하는 거야.

명예　　　철없다

⊙ **문장 앞에 '비록', '차라리'와 같이 쓰이는 경우가 많다.**

예) 비록 불편한 **잠자리였을망정** 좀 자고 일어나니 한결 나았다.
차라리 얼어 **죽을망정** 그렇게 더러운 곳에서는 못 자겠다.

⊙ **일반적으로 일어나야 할 상황과 다르게 일어날 때 'V-지는 못할망정' 또는 'N은/는 못할망정'으로도 자주 사용된다.**

예) 그녀는 자기가 잘못해 놓고 **사과하지는 못할망정** 오히려 크게 소리치며 화를 냈다.
선생님은 열심히 한 학생들에게 **격려는 못해 줄망정** 오히려 크게 꾸짖었다.

연습

1. 알맞은 것을 골라 문장을 완성하십시오.

받다	작다	좁다	흔들리다	그릇이다

1) 풀은 거센 바람에 ______________ 꺾이지는 않는다.

2) 승규는 비록 키는 ______________ 생각은 누구보다 큰 사람이다.

3) 아무리 낡고 ______________ 그래도 우리 집이 제일 마음이 편한 거야.

4) 국밥 한 ______________ 춥고 배고팠던 나에게는 진수성찬과도 같았다.

5) 나는 사람들에게 비난을 ______________ 내가 옳다고 생각하는 일을 꿋꿋이 해 나갈 것이다.

한결 진수성찬

2. 〈보기〉와 같이 연결하고 문장을 완성하십시오.

보기 돈은 조금 벌다 ———— 스스로 좋아하는 일을 하는 것이 행복하다
돈은 조금 벌망정 스스로 좋아하는 일을 하는 것이 행복하다.

1) 비록 가난하게 살다	•	•	아이를 사랑하는 마음은 같다
2) 우리 학교는 작은 학교이다	•	•	좋은 경험을 했다
3) 아이를 키우는 방식은 다르다	•	•	마음만은 부자처럼 살았다
4) 그 가게의 겉모습은 허름하다	•	•	찾아오는 손님들이 많다
5) 많은 돈을 벌지 못했다	•	•	역사와 전통이 깊다

1) .

2) .

3) .

4) .

5) .

3. 다음 대화를 완성하십시오.

1) 가: 그 회사는 제품의 중량을 속여 팔다가 단속에 걸렸대요.

나: 잘 되었네요. 손해를 그런 방법으로 돈을 벌면 안 되죠.

2) 가: '흥부와 놀부'를 읽어 봤는데 '놀부'는 어떤 사람이죠?

나: 놀부는 음식이 남으면 쓰레기통에 동생에게 절대 주지 않는 욕심이 많은 사람이에요.

중량	겉모습	허름하다	단속

3) 가: 김 선생님이 다시 오셨다고요?

나: 네, 무대에서 연기하다 ______________ 답답한 병원은 싫다고 하셨대요.

4) 가: 평생 모아 온 재산을 기부하셨는데 가족들에게는 뭐라고 말씀하셨나요?

나: 나중에 너희에게 원망을 ______________ 이렇게 하는 것이 내 맘이 편하다고 했죠. 다행히 아내와 자녀들은 저를 이해하고 지지해 줬습니다.

5) 가: 사업 성공의 비결이 사람이라고 하셨는데 무슨 말씀이시죠?

나: 비록 '돈을 ______________ 사람은 잃지 말자'라는 게 제 사업 신조입니다. 돈보다는 같이 일하는 사람들을 먼저 생각한 것이 사업 성공으로 이어진 것 같습니다.

4. 다음 〈보기〉에서 알맞은 것을 골라 이야기를 완성하십시오.

보기	입사하지 못하다	지방에 있다	돈을 벌지 못하다	월급이 적다

나는 지금 작은 지방 소도시에 있는 회사에 다니고 있다. 회사가 비록 1) ______________ 복지 혜택은 많다. 여기는 즐길 거리가 서울보다 많지 않지만 회사 내에 여러 시설이 있어 부족함을 느끼지 못한다. 헬스장을 비롯해 골프 연습장, 미니 축구장, 테니스장, 심지어 수영장까지 회사 내에 있다.

직원들은 2) ______________ 이런 시설을 누구든지 이용할 수 있어 회사에 만족도가 큰 편이다. 또한 회사 내에 도서관과 영화관도 있어 시간이 있을 때 책을 보거나 영화를 볼 수 있다. 그래서 우리 회사에 3) ______________ 떠나려는 사람은 하나도 없다. 다만 서울에 있는 회사에서 일하던 사람이 내려오면 처음에는 회식도 거의 없고 각자 취미 생활을 즐기는 분위기에 적응하기 힘들어 한다. 그렇지만 시간이 지나면 누구든지 서울의 큰 회사에 다니는 것보다 우리 회사 생활을 즐기고 좋아한다. 많은 4) ______________ 잘할 수 있는 일을 하고 좋아하는 취미 생활을 마음껏 할 수 있는 우리 회사가 세상에서 최고라고 생각한다.

원망	비결	신조	복지	혜택

더 생각해 보기

AV–아/어도

A/V–(ㄴ/는)다고 해도

A/V–더라도

A/V–(으)ㄹ지라도

A/V–(으)ㄹ지언정

3 A/V-(으)ㄹ 지언정

시작하기 전에

- 나는 이번 시험에 실패할지언정 끝까지 포기하지 않겠다.
- 그는 아무리 바쁠지언정 부모님께 일주일에 한 번은 꼭 연락했다.

···› **앞에 나타난 내용을 인정하더라도 뒤 문장에서는 그 생각과 다름을 강조할 때 사용한다.**

- 적은 돈을 **벌지언정** 젊을 때는 꿈을 향해 노력하고 싶다.
- 그 책이 다소 **재미없을지언정** 아이들에게 나쁜 내용은 아니야.
- 기숙사가 시설이 **낡을지언정** 값도 싸고 안전해서 학생들에게 인기가 많다.
- 지금의 계획대로라면 도시가 **발전할지언정** 환경은 급속도로 악화될 것이다.

가: 마이클 씨, 요즘 학교생활이 힘들다던데 고향으로 돌아가고 싶지 않아요?

나: 괜찮아요. 아무리 유학 생활이 **힘들지언정** 이제 와서 포기할 수는 없지요.

⊙ **(주로 동사와 결합하여) 뒤의 내용을 더 강조하기 위해 앞에 극단적이거나 부정적인 상황을 가정하여 표현할 때 사용한다.**

- 시험에 **떨어질지언정** 남의 것을 베끼지는 않을 거야.
- 싸우다 **죽을지언정** 구차하게 적에게 목숨을 구걸하지 않겠다.
- 차라리 **굶을지언정** 남의 물건을 훔치는 행위는 하지 않을 것이다.

급속도 | 악화되다 | 베끼다 | 구차하다 | 구걸하다

연습

1. 알맞은 것을 골라 문장을 완성하십시오.

좋다	어렵다	어리다	바쁘다	거절하다

1) 오랜만에 만난 친구와 아무리 ____________ 서로 자주 연락하기로 약속했다.

2) 아무리 시험 문제가 ____________ 우리가 모두 수업 시간에 배운 내용이었어.

3) 그 사람이 나의 고백을 ____________ 용기를 내서 고백했으니 마음이 후련해졌다.

4) 이 강연의 취지가 아무리 ____________ 요즘 사람들이 관심을 갖지 않으니 걱정이다.

5) 마이클 씨가 비록 나이가 ____________ 어른스럽고 책임감이 강해서 맡은 일을 잘 해낸다.

2. 다음 문장을 완성하십시오.

1) 아무리 돈이 없을지언정 ____________.

2) 그는 직업적으로 성공했을지언정 ____________.

3) 주변 사람들이 반대할지언정 ____________.

4) 숙제를 제시간에 못 낼지언정 ____________.

5) 학교에 조금 늦을지언정 ____________.

3. 다음 기사를 읽고 기사문의 주제문을 만드십시오.

이번 공무원 시험 합격자 중에는 지난 10년 동안 꾸준히 시험에 도전해 온 박진우 씨도 포함되었다. 박진우 씨는 올해 49세의 나이로 비록 다른 사람들에 비해 나이가 많지만, 누구보다 좋은 성적으로 당당히 합격을 하였다. 박진우 씨는 힘든 순간이 많았지만, 절대 합격하겠다는 꿈을 포기하지 않은 결과 꿈을 이루게 되었다고 한다.

⋯› 시험 준비 과정이 아무리 ____________ 절대 중간에 포기하지 않았다.

책임감	취지

4. 다음 인터뷰를 완성하십시오.

진행자: 오늘은 세계 선수권 대회 단체팀 우승을 눈앞에 두고 있는 태권도 대표팀 선수들과 인터뷰를 해 보겠습니다. 안녕하세요?

선수들: 안녕하세요, 여러분. 반갑습니다.

진행자: 이번 대회에 앞서 모두 준비를 열심히 하셨다고 들었습니다. 곧 몇 시간 후면 단체팀 결승전이 열리는데요. 모두 각오 한 마디씩 해 주시겠습니까?

선수 1: 저는 아무리 상대 선수가 1) ________________ 절대 포기하지 않을 것입니다.

선수 2: 제가 키가 좀 작습니다. 키가 2) ________________ 기술에 강하니 여러 기술을 시도해 볼 것입니다.

선수 3: 이번 시합이 세계 대회 첫 출전이라 떨립니다. 3) ________________ 제가 준비한 모든 것을 보여줄 수 있도록 최선을 다하겠습니다.

더 생각해 보기

A/V-아/어도

A/V-(ㄴ/는)다고 해도

A/V-더라도

A/V-(으)ㄹ망정

A/V-ㄴ(으)들

2

강조 표현

① A/V-기만 하다
② V-(으)라니까(는)
③ V-(으)ㄹ래야 V-(으)ㄹ 수가 없다
④ A-다고 // V-ㄴ/는다고 해도 과언이 아니다

1 A/V-기만 하다

시작하기 전에

- 줄리아 씨는 아직 한국에 온 지 얼마 안 돼서 한국어가 어렵기만 해요.
- 그 식당을 지나가면서 매번 보기만 하다가 오늘 처음 와 봤어요.

1. 동사의 경우 오직 한 가지 행동만을 계속하며 다른 행동은 하지 않음을 나타낸다.

- 왕명 씨는 시험에 합격한 이후로 계속 **놀기만 해요**.
- 아이가 말은 안 하고 **울기만 해서** 이유가 무엇인지 모르겠어요.
- 그 사람은 속내를 이야기하지 않고 **웃기만 해서** 대화할 때 어색하다.
- 미술관 근처를 매번 **지나치기만 하다가** 오늘 겨우 시간을 내서 구경했어요.

가: 왕명 씨는 왜 부모님과 사이가 좋지 않아요?
나: 어렸을 때 부모님이 계속 **싸우기만 하셔서** 별로 이야기를 할 기회가 없었어요.

2. 형용사의 경우 다른 상황의 영향을 받지 않으며 그것과 상관없이 어떤 상태가 계속 유지됨을 나타낸다.

- 어제 그 뉴스를 보고 난 후부터 밤에 혼자 있으면 **무섭기만 해요**.
- 한국에 온 지 얼마 안 되었을 때는 **낯설기만 했는데** 이제는 내 집처럼 편해요.
- 그 사람은 **똑똑하기만 했지** 정작 어려운 상황을 이겨낼 수 있을지 모르겠어요.

가: 날이 정말 따뜻해진 것 같아요. 이제 완연한 봄이네요.
나: 그래요? 저는 아직 바람이 불어 **쌀쌀하기만 한데요**.

매번	속내	낯설다	완연하다

⊙ **'N+하다'의 형태로 구성된 동사의 경우, '-기'를 제외하고 'N+만 하다'의 형태로 쓰이는 경우가 많다.**

- 마이클 씨가 승진하려고 밤낮으로 **일만 해서** 걱정이다.
- 자기 계발을 하기 위해서는 **걱정만 하지** 말고 무엇이든 시도하려는 자세가 필요하다.

⊙ **주로 말할 때 사용하며, 상대방의 의견에 반대하여 자신의 주장이나 의견을 밝힐 때 사용한다.**

가: 이번 시험은 지난번보다 훨씬 쉬웠던 것 같아. 그치?
나: 무슨 소리야. **어렵기만 하던데.**

가: 요즘 경제가 조금 나아져서 앞으로 취업률도 조금 좋아질 것 같아.
나: 글쎄. 어제도 뉴스에서 취업난이 **심해지기만 한다던데.**

연습

1. 〈보기〉와 같이 연결하고 문장을 완성하십시오.

보기
아이들이 먹는 모습을 보다 ———— 배부르다
아이들이 먹는 모습을 보기만 해도 배부르다.

1) 매일 아침에 물을 한 잔 마시다 •	• 사람이 많은 이유를 모르다
2) 진나 씨는 아침에 일찍 일어나다 •	• 한국어를 유창하게 할 수 있는 것은 아니다
3) 그 식당은 맛도 없고 비싸다 •	• 건강을 유지하다
4) 나는 시험을 망쳐서 속상하다 •	• 아무것도 준비하지 않다
5) 한국에서 오래 살다 •	• 룸메이트가 생일 파티를 하자고 하다

자기 계발　　취업난　　망치다　　유창하다

1) .

2) .

3) .

4) .

5) .

2. 다음 대화를 완성하십시오.

1) 가: 앤디 씨, 요즘 장마라는데 오늘 날씨는 어때요?

나: 어제는 비가 그렇게 많이 오더니 오늘은 .

2) 가: 줄리아 씨, 부산 여행은 어땠어요? 재미있었어요?

나: 몇 년 전에 갔던 곳이라 익숙할 줄 알았는데 다시 가니 .

3) 가: 마리아 씨, 요즘 테니스를 배운다면서요?

나: 네, 얼마 전에 배우기 시작했는데, 아직 .

4) 가: 수지 씨가 아까부터 무슨 일이 있나요?

나: 네, 1년 동안 열심히 준비한 대학교 입학시험에 떨어졌다고 하네요.

5) 가: 왕명 씨, 제가 예전에 이야기했던 그 식당에 가 봤어요?

나: 네, 항상 어제 친구와 같이 가 봤어요.

3. 다음을 읽고 대화를 완성하십시오.

최근 지속되고 있는 저출산 문제에 대해 국가적 차원에서 여러 가지 방안을 시도하고 있다. 먼저 저출산의 가장 큰 원인인 여성의 경력 단절 문제에 대해 국가적 대비책을 제시하였다. 각 지역마다 '아기 돌보미' 제도를 시행할 예정이며 어린이집도 증설하겠다는 내용을 발표하였다.

▼

가: 어제 뉴스 봤어요? 드디어 국가에서 저출산에 대한 제도를 시행한다던데.

나: 네, 봤어요. 하지만, 제도를 1) ________________ 뭐해요? 아마 시행되기까지는 오랜 시간이 걸릴 텐데요.

가: 맞아요. 몇 년 전에도 비슷한 내용의 기사를 봤지만, 별로 나아진 것은 없는 것 같아요.

나: 단기간에 방법을 2) ________________ 것보다는 장기적인 대책을 세우는 게 필요하다고 생각해요.

차원	단절	대비책	증설하다	시행하다

4. 다음 라디오 사연을 읽고 문장을 완성하십시오.

진행자: 안녕하세요, 청취자 여러분. 오늘 '상담 코너'에서는 10대 자녀를 둔 어머니의 사연을 들어보도록 하겠습니다. 그럼, 어머니를 모셔보도록 하지요.

어머니: 안녕하세요, 저는 중학교 2학년 딸을 둔 주부입니다.

진행자: 네, 반갑습니다. 무슨 고민이 있으신지요?

어머니: 저희 딸이 요즘 저와 이야기를 하려고 하지 않습니다. 자꾸 짜증만 내고 집에서도 스마트폰으로 게임하느라 말도 하지 않습니다. 다이어트를 한다고 밥도 잘 안 먹을 정도입니다. 몇 번 혼내기도 했지만, 더 사이가 나빠졌네요.

청취자1: 딸을 1) ______________ 더 거부감이 들 것 같아요. 딸이 좋아하는 게임이나 다이어트 방법을 같이 찾아보면 어떤지요?

청취자2: 중학생 때는 가장 예민한 사춘기 시기라 힘든 것 같아요. 무조건 엄마가 2) ______________ 아이의 말을 들어주는 것도 좋은 방법이라 생각이 듭니다.

사춘기

2 V-(으)라니까(는)

시작하기 전에

■ 그만 자고 일어나라니까.
■ 휴대 전화 좀 그만 보고 책 좀 읽으라니까.

1. 말하는 사람이 강조해서 다시 명령할 때 사용한다.

2. 상대방이 처한 상황을 보고 그 상황에 대해 가볍게 꾸짖을 때도 사용한다.

- 방학이라고 늦게 자지 말고 어서 **자라니까**.
- 담배를 피워 대지 말고 제발 담배 좀 **끊으라니까**.
- 아무리 쉬는 날이어도 그만 자고 운동 좀 **하라니까**.
- 약속이 있어도 가족 모임이 있으니 일찍 **들어오라니까**.

가: 필요하면 이것은 네가 가져.
나: 아니에요. 필요하기는 하지만 이렇게 비싼 것은 부담돼요.
가: 나중에 후회하지 말고 가지라고 할 때 **가지라니까**.

⊙ **주로 말할 때 사용하며, '-요'가 붙어 높임 표현 '-(으)라니까요'로도 사용할 수 있다.**
예) 어머니, 약 좀 잘 챙겨 **드시라니까요**.
할아버지, 신호가 바뀌면 **건너시라니까요**.

⊙ **의미를 더 강조하기 위해 '-는'을 붙여 '-(으)라니까는' 또는 줄여 '-(으)라니깐'으로 사용할 수 있다.**
예) 이제 담배 좀 **끊으라니까는**.
술 좀 그만 **마시라니깐**.

꾸짖다　　부담되다

연습

1. 알맞은 것을 골라 문장을 완성하십시오.

귀담아듣다	오다	먹다	풀다	치우다

1) 기다리게 하지 말고 빨리 ____________________.

2) 그만 뒹굴뒹굴하고 방 좀 ____________________.

3) 이제 그만 수다 떨고 어서 밥 ____________________.

4) 짝과 장난만 하지 말고 어서 문제를 ____________________.

5) 우리가 하는 말을 제발 좀 ____________________.

2. 다음 대화를 완성하십시오.

1) 가: 이번 주까지 야근하니 정말 힘들다. 일이고 뭐고 그냥 제주도로 떠나고 싶다.

나: 그냥 ____________________. 그동안 충분히 일했으니 괜찮아.

2) 가: 이 정도면 좋은데 뭘. 이번 대회에 응모해.

나: 그래도 될까? 아냐, 아직은 부족한 것 같아.

가: 그냥 ____________________. 경험이라 생각하고 한번 해봐.

3) 가: 성주야 가만히 좀 앉아 있어라. 네가 움직이니 내가 머리를 못 자르겠잖니.

나: 죄송해요. 계속 앉아 있으려니 허리가 아파서요.

가: 그것참, 또 움직이네. 움직이지 ____________________.

4) 가: 걱정하지 말고 내 말 듣고 투자해. 나 못 믿어?

나: 그래도 한두 푼도 아니고. 그렇게 큰돈을 어떻게…

가: 괜찮아. 나 믿고 ____________________. 나니까 너에게 이런 정보 주는 거야.

5) 가: 친구가 내게 자꾸 노트북을 빌려달라고 해. 어떻게 하지?

나: 그런 부탁은 그냥 거절해. 네가 많이 아끼는 거잖아.

가: 그래도 친구가 하도 부탁하니 어떻게 할지 모르겠어.

나: 안 된다고 ____________________. 빌려줬다 고장 나면 어쩌려고?

귀담아듣다	뒹굴뒹굴하다

3. 다음 대화문을 완성하십시오.

성주: 아, 졸려. 요즘 왜 이렇게 피곤하지?

엄마: 내가 어제도 얘기했잖니. 방학이라고 늦게 자고 늦게 일어나 버릇하니 피곤하지. 밤에 일찍 좀 1) ____________________.

성주: 어휴, 또 잔소리. 방학 때라도 늦잠을 자야죠. 학기 중에는 잠 잘 시간도 없어요. 이제 이 생활도 며칠 안 남았어요.

엄마: 방학이라도 그렇지. 너무 늦게 자잖아. 그리고 방은 또 이게 다 뭐야? 완전 쓰레기장이네. 제발 방 좀 2) ____________________. 다 큰 여자애 방이 이게 뭐니?

성주: 여자애 방만 깨끗해야 하나요? 성민이 방은 더 더럽잖아요.

엄마: 아니, 얘가 엄마 얘기에 꼬박꼬박 말대꾸하는 것 좀 봐.

성주: 말대꾸가 아니라 엄마가 계속 잔소리하니까 그렇죠. 저 이제 컴퓨터 해야 돼요. 잔소리 그만하고 나가세요.

엄마: 내가 무슨 잔소리를 했다고 그러니? 그리고 방학이라고 놀지만 말고 운동도 좀 하고…

성주: 엄마! 잔소리 그만 3) ____________________. 어휴, 짜증 나!

아빠: 아니, 왜 이리 시끄러워?

엄마: 애가 방학이라고 매일 늦게 자고 늦게 일어나서 일찍 자라고 하고, 방 청소 안 해서 청소 좀 하라고 했는데 저 모양이네요.

성주: 엄마는 매일 똑같은 소리만 계속하니까 그렇죠, 뭐.

아빠: 그래도 그렇지. 엄마에게 그렇게 큰소리치면 안 되지. 엄마에게 죄송하다고 말씀드려.

성주: 제가 뭘 잘못했다고요?

아빠: 어허, 빨리 엄마에게 죄송하다고 4) ____________________.

잔소리	꼬박꼬박	말대꾸

4. 다음 그림을 보고 대화문을 완성하십시오.

1) 

가: 진짜 힘들다. 얼마나 더 이렇게 하고 있어야 해?

나: ____________________.

네가 자꾸 움직여서 다시 그려야 하잖아.

2) 

가: 너만 떨어졌니? 술 좀 ____________________.

나: 이번에 정말 열심히 공부했단 말이야.

3) 

가: 지금 몇 시야? 빨리 집에 ____________________.

나: 네, 지금 들어갈 거예요.

3 V-(으)ㄹ래야 V-(으)ㄹ 수가 없다

시작하기 전에

- 이 집은 좁아서 살래야 살 수가 없다.
- 너무 바빠서 여행을 갈래야 갈 수가 없다.

⋯ **어떤 의도를 가지고 행동을 하려고 하나 반대되는 이유나 상황으로 도저히 그 행동을 할 수 없을 때 사용한다.**

- 그 가방은 품절되어서 **살래야 살 수가 없다.**
- 교통사고가 나서 일찍 **올래야 올 수가 없었다.**
- 그녀의 목소리가 너무 작아서 **들을래야 들을 수가 없었다.**
- 그는 예전 모습을 **찾아 볼래야 찾아 볼 수 없을** 정도로 많이 변해 있었다.

가: 저 사람은 왜 저렇게 거짓말만 해요? 정말 믿음이 안 가는 사람이에요.

나: 맞아요. 저 사람의 얘기는 **믿을래야 믿을 수가 없어요.**

⊙ **'V-을래야'는 자주 사용하지만 표준어는 아니다. 표준어는 'V-으려야'이며, 'V-으려야'는 'V-으려고 하여야'의 줄임말이다. 하지만 'V-으려고 하여야'는 거의 사용하지 않는다.**

예) 너무 배가 불러서 더 **먹을래야 먹을 수가 없다.**

= 너무 배가 불러서 더 **먹으려야 먹을 수가 없다.**

⊙ **'도저히, 도무지, 도통'과 같이 쓰이는 경우가 많다.**

예) 화가 나서 도저히/도무지/도통 **참을래야 참을 수가 없었다.**

이 사건은 도저히/도무지/도통 **이해할래야 이해할 수 없는** 사건이다.

도통

연습

1. 알맞은 것을 골라 문장을 완성하십시오.

입다	찾다	짓다	돕다	만들다

1) 열쇠를 어디다 두었는지 .

2) 허가가 나지 않아 공장을 .

3) 그녀가 도움을 원하지 않으니 .

4) 냉장고에 재료가 너무 없어서 음식을 .

5) 그동안 너무 살이 쪄서 작년에 산 옷을 .

2. 다음 대화를 완성하십시오.

1) 가: 또 커피를 드세요? 커피를 너무 많이 마시는 것 아니에요?

나: 저도 알고 있어요. 그런데 습관이 돼서 커피를 .

2) 가: 엄마, 집에서 강아지 키워도 돼요? 저 강아지 키우고 싶어요.

나: 안 돼. 우리 집은 아파트라서 강아지를 .

3) 가: 여행은 어땠어? 제주도에 맛있는 게 많이 있는데 많이 먹고 왔지?

나: 아니, 제주도 도착하자마자 배탈이 나서 음식을 .

4) 가: 그 친구의 부탁은 거절했지?

나: 아니, 못했어. 너무 간곡히 부탁을 해서 .

5) 가: 둘이 어떻게 친해졌어요?

나: 매일 만나니 .

허가	간곡히

3. 다음을 읽고 일기를 완성하십시오.

유미는 대학교에 들어가서 처음 맞는 여름 방학을 알차게 보내기로 했다. 그래서 방학이 시작하기 전에 방학 동안 꼭 할 일을 다음과 같이 정했다.

1. 인터넷으로 요가 동영상 보며 요가 배우기
2. 친구 성주와 전국 여행하기
3. 주말에는 아버지와 함께 운전 연습하기

하지만 방학이 시작되자 유미가 사는 아파트 단지 인터넷망 공사로 한 달간 인터넷이 되지 않아 요가를 배우기는커녕 집에서 인터넷도 하지 못했다. 그리고 여행을 같이 가기로 한 성주는 남자 친구가 생기는 바람에 전국 여행은 말할 것도 없고, 성주의 얼굴도 보기 힘들었다. 끝으로 아버지가 등산하다 다치시는 바람에 운전 연습도 할 수 없었다.

▼

2XXX년 8월 27일

내일이면 긴 여름 방학도 끝난다. 나는 이번 방학에 많은 계획을 세웠다가 어느 하나도 실천하지 못했다. 우선 다이어트도 하고 허리 근육을 강화하기 위해 인터넷으로 요가를 배우기로 했는데 우리 아파트 인터넷망 공사로 인터넷이 안 돼 요가를 1)   . 그리고 가장 기대했던 친구 성주와의 전국 여행은 성주의 연애로 여행을 2)   . 마지막으로 장롱 면허 신세를 탈출하기 위해 아버지에게 주말에 운전 연습을 부탁드렸는데 아버지가 다치셔서 운전 연습을 3)   . 이번 방학은 완전히 망했다.

알차다   장롱 면허

4. 다음을 읽고 밑줄 친 문장을 〈보기〉처럼 고치십시오.

오늘 회사에 들어온 지 10년 만에 처음으로 지각을 했다. 어제 다른 아파트 축구 동호회 사람들과 축구 시합을 했는데 너무 피곤해서 아침에 일찍 일어날 수가 없었다. 체력이 예전 같지 않음을 느꼈다. 평소보다 40분이나 늦게 일어나 출근 시간인 1) 9시에 도저히 도착할 수가 없었다. 어제 상대한 선수들은 우리 선수들보다 훨씬 젊어서 젖 먹던 힘까지 다 내서 2) 상대 선수를 따라갔지만 따라갈 수가 없었다. 거기에다 고등학교 때까지 축구 선수였던 사람이 2명이나 있어서 일주일에 한두 번 연습한 3) 우리 팀이 아무리해도 이길 수가 없었다. 부장님께 꾸중을 듣고 자리로 돌아오는 이 길이 참으로 길게만 느껴졌다.

보기 아침에 일찍 일어날래야 일어날 수가 없었다.

1) .

2) .

3) .

젖 먹던 힘까지

4 A-다고 // V-ㄴ/는다고 해도 과언이 아니다

시작하기 전에

- 그 사람은 우리나라에서 돈이 제일 많다고 해도 과언이 아니다.
- 내 친구는 내가 지금까지 만나본 사람 중에서 한국어를 가장 잘한다고 해도 과언이 아니다.

…› **앞에 나타낸 내용이나 사실이 정도가 지나치거나 결코 과장된 이야기가 아니라는 뜻으로 사용한다. 주로 예상했던 사실보다 놀라거나 칭찬을 할 때 사용한다.**

- 서울은 한국에서 집값이 가장 **비싸다고 해도 과언이 아니다**.
- 지나가던 그 사람이 위기에 빠진 우리를 **구해 줬다고 해도 과언이 아니다**.
- 그 수업은 학생들에게 인기가 제일 **많다고 해도 과언이 아닐** 정도로 수강생들이 많다.
- 아이들이 건강하게 성장하기 위해서는 어렸을 때의 식습관이 가장 **중요하다고 해도 과언이 아니다**.

가: 진나 씨, 어제 새벽에 응급실에 갔다면서요? 괜찮아요?

나: 네, 지금은 괜찮아요. 그렇지만 어제는 죽다 **살아났다고 해도 과언이 아니에요**.

⊙ **명사의 경우 'N(이)라고 해도 과언이 아니다'의 형태로 사용한다.**

- 마이클 씨는 한국인**이라고 해도 과언이 아닐** 정도로 한국어를 잘한다.
- 그 선수는 세계 최고**라고 해도 과언이 아닐** 정도로 어느 경기에서나 뛰어난 실력을 보여준다.
- 하숙집 아주머니가 유학 생활 동안 나를 잘 돌봐 주셔서 나에게는 제2의 어머니**라고 해도 과언이 아니다**.

가: 어제 TV에 나온 그 10살짜리 아이의 영상을 봤어요?

나: 네, 저도 봤어요. 그 아이는 정말 천재**라고 해도 과언이 아닐 것 같아요**.

연습

1. 알맞은 것을 골라 문장을 완성하십시오.

부활하다	연예인이 되고 싶어하다	착하다	힘들다	제2의 고향

1) 반장은 우리 반에서 가장 ______________ 정도로 친구를 잘 도와준다.

2) 요즘은 모든 아이들이 ______________ 정도로 연예인이 선망의 대상이 되고 있다.

3) 이번 신제품이 폭발적으로 인기를 끈 덕분에 우리 회사가 ______________.

4) 대학생 때 한국으로 유학 온 이후부터 지금까지 계속 살고 있으므로 한국은 나에게 ______________.

5) 요즘 물가가 급속도로 상승해서 5천 원으로는 한 끼 식사를 해결하기는 ______________.

2. 다음 대화를 완성하십시오.

1) 가: 제인 씨, 한국에 처음 온 친구에게 소개시켜 줄 관광지 좀 추천해 주시겠어요?

   나: 관광지로는 인사동이 제일 ______________.

2) 가: 마리아 씨가 요즘 일이 많은가 봐요.

   나: 일하느라 잠을 거의 한숨도 ______________.

3) 가: 우와, 경기장에 관중이 정말 많이 왔네요!

   나: 왜냐하면 이 시합이 승패를 가르는 데에 가장 ______________.

4) 가: 학생들이 수학여행을 매우 기대하고 있는 것 같아요.

   나: 맞아요. 수학여행은 학교생활의 ______________.

5) 가: 왕명 씨, 그 배우가 그렇게 예뻐요?

   나: 제가 지금까지 만나 본 사람 중에서 가장 ______________.

부활하다	선망	승패를 가르다

3. 다음 기사문을 완성하십시오.

피아니스트 조성진, 독일 콩쿠르에서 우승

이번 독일 콩쿠르에서 우승한 피아니스트 조성진 씨는 그동안 여러 차례 세계적 대회에 입상해 온 꿈나무였다. 조성진 씨는 현재 피아니스트 중 가장 인기가 세계적으로 많은 팬클럽이 있다. 또한 각국의 오케스트라로부터 협연 요청이 끊이지 않고 있다.

4. 다음 대화를 읽고 요약하십시오.

수지: 앤디 씨, 오늘 점심 식사 후에 잠깐 산책하러 갈까요?

앤디: 좋아요. 그런데 회사 주변에 산책할 곳이 있을까요?

수지: 지난주에 잠깐 가 봤는데 회사 뒤편에 작지만 아담하게 조성된 공원이 있더라고요.

앤디: 정말요? 직장인들에게 정말 좋은 공간이네요. 매일 사무실에 있으니 햇빛을 쬐면서 걷는 시간이 필요하다고 생각해요.

수지: 맞아요. 점심시간에 잠깐 다녀오면 오후에 일할 때 더 기운이 날 것 같아요.

→ 공원은 직장인들에게 .

입상하다	꿈나무	협연	아담하다	조성되다

3

결과/회상 표현

① A/V-데(요)

② A/V-(으)ㄴ 나머지

1 A/V-데(요)

시작하기 전에

- 학교에 오는 길에 보니 운동장에 학생들이 많데요.
- 어제 만난 그 친구는 생각보다 한국어를 잘하데.

··· **말하는 사람이 자신이 과거에 직접 경험하여 새롭게 알게 된 사실이나 느낌을 떠올리며 상대방에게 전달할 때 사용한다. 주로 말할 때 사용한다.**

- 좀 전에 본 그 아이는 정말 **똑똑하데요**.
- 멋지게 양복을 입고 온 왕명 씨가 다르게 **보이데요**.
- 어제 텔레비전으로 우주에서 식사하는 것을 봤는데 참 **신기하데요**.
- 그 친구가 우스꽝스런 몸짓을 하자 행사장에 있던 사람들이 다 **웃데요**.

가: 어제 진나 씨랑 시장에 가서 과일을 많이 샀다면서요?

나: 네, 가을이라서 그런지 햇과일이 **많데요**.

⊙ **말하는 사람 자신이 주어인 경우에는 사용할 수 없다. 그러나 자신에 대해 새롭게 알게 된 사실이나 자신의 기분이나 감정을 나타낼 때는 사용할 수도 있다.**

예) 나는 중학교 때 영어를 잘했데요. (×)

나는 중학교 때 영어를 잘했어요. (○)

처음 춤을 춰 봤는데 생각보다 내가 그래도 꽤 추데. (○)

그 소식을 들으니까 (저는) 저도 모르게 눈물이 나데요. (○)

⊙ **사람의 심리나 기분, 감정을 나타내는 경우에는 반드시 주어가 말하는 사람이어야 하고, 2·3인칭의 경우에는 'A -아/어하다'의 형태로 사용해야 한다.**

예) 너 아까 성주가 대학에 불합격했다니까 안타깝데. (×)

너 아까 성주가 대학에 불합격했다니까 안타까워하데. (○)

우스꽝스럽다	햇과일

⊙ **다른 사람의 말을 인용할 때 사용하는 'A/V-다고 해요'의 줄임말 'A/V-대요'와 발음과 형태가 비슷해 혼동하기 쉽다. 그래서 '-던'을 넣는 경우가 많다.**

예) 그 남자가 참 멋있데요. (말하는 사람이 직접 그 남자를 보고 멋있다고 느낀 것)

= 그 남자가 참 멋있던데요.

그 남자가 참 멋있대요. (말하는 사람이 직접 보지 않고 다른 사람에게 들은 것)

연습

1. 알맞은 것을 골라 문장을 완성하십시오.

빠지다	힘들다	치다	뿌듯하다	정정하다

1) 하루 종일 아이를 보는 것이 생각보다 많이 ____________.

2) 몸은 많이 피곤했지만 봉사 활동을 하니까 ____________.

3) 유미가 요즘 매일 운동해서 그런지 살이 많이 ____________.

4) 외할머니께서는 연세가 많으시지만 여전히 ____________.

5) 지훈이는 생각했던 것보다 직접 보니까 기타를 잘 ____________.

2. 다음 대화를 완성하십시오.

1) 가: 어, 그 가방을 샀네요. 그 가게 주인이 안 깎아 준다고 했던 것 같은데.

나: 주인에게 돈이 좀 부족하다고 하니까 깎아 ____________.

2) 가: 기분이 나아졌어요? 아까는 많이 화가 나 있던데.

나: 음악을 들으며 산책을 하니까 화가 ____________.

3) 가: 어제 결혼한 친구 집들이는 잘 다녀왔어요? 집은 어땠어요?

나: 집은 작지만 아기자기하게 꾸며 놓아서 ____________. 부러웠어요.

4) 가: 주말에 십 년 만에 고등학교 친구들을 만났다면서요? 많이 반가웠죠?

나: 네, 오랜만에 만나니 많이 ____________. 시간 가는 줄 모르고 수다를 떨었어요.

5) 가: 집수리를 하고 나니까 좋죠? 새집으로 이사한 것 같죠?

나: 네, 새집에 온 것 ____________. 아침에 일어나서는 다른 집에서 잔 줄 알았어요.

뿌듯하다	정정하다	아기자기하다

3. 다음을 읽고 대화를 완성하십시오.

주말에 좋아하는 아이돌 가수의 콘서트에 다녀왔다. 콘서트에 간 것은 이번이 두 번째였지만 처음 갔을 때와는 느낌이 달랐다. 지난 콘서트 때는 관람석이 무대와 너무 떨어져 있어서 가수를 잘 볼 수 없었다. 하지만 이번 콘서트 관람석이 무대와 가까워 가수 얼굴을 잘 볼 수 있었고, 사진도 마음껏 찍을 수 있어서 좋았다. 또한 다 같이 노래를 부르고, 소리도 지르다 보니 중간시험으로 쌓인 스트레스가 풀렸다. 콘서트가 끝나고 집에 오는 길에 아파서 같이 못 온 유미가 생각나서 아쉬웠다. 다음 콘서트 때는 유미와 같이 꼭 다시 가고 싶었다.

▼

유미: 콘서트는 어땠어? 좋았지?

성주: 어, 지난번 콘서트와 느낌이 1) ______________________.

유미: 뭐가 어떻게 달랐는데?

성주: 이번 앉은 자리가 무대와 가까우니까 가수 얼굴이 정말 잘 2) ______________________.

유미: 진짜? 정말 좋았겠다. 또 뭐가 좋았어?

성주: 노래를 부르고 소리도 지르니까 중간시험으로 쌓인 스트레스가 3) ______________________.

유미: 좋았겠다. 난 아파서 계속 누워 있었어.

성주: 그래? 나도 네가 없으니 많이 4) ______________________. 다음 콘서트에 꼭 같이 가자.

4. 다음을 읽고 문장을 완성하십시오.

지난 휴가 때 성주네 가족들은 경주에 다녀왔다. 성주의 아버지는 고등학교 수학여행 이후 40년 만에 처음으로 경주를 다시 방문했고, 성주의 어머니는 10년 전 대학 친구들과 방문한 뒤 두 번째로 방문했다. 성주는 수학여행을 강원도와 제주도로 가서 경주는 이번에 처음 방문하는 것이었다. 성주의 아버지는 40년 전과는 다르게 변한 경주의 모습에 놀라워하셨다. 성주의 어머니는 가족들끼리 온 경주 여행이 친구들과 놀러 온 것과는 느낌이 달라 신기했다. 성주는 처음으로 방문한 경주의 모습이 생각보다 더 아름다워 좋았다.

1) 성주의 아버지가 고등학교 동창을 만났을 때

→ 처음에는 잘 모르겠더라고. 40년 전 경주하고 완전히 ______________.

2) 성주의 어머니가 대학교 친구들을 만났을 때

→ 너희와 함께 봤을 때하고 느낌이 완전히 다르더라. 그 느낌이 ______________.

3) 성주가 경주에 가는 친구를 만났을 때

→ 책이나 TV에서 보는 것보다 좋아. 훨씬 ______________.

더 생각해 보기

A/V-더군요

A/V-더라고요

2 A/V-(으)ㄴ 나머지

시작하기 전에

- 저녁을 너무 급하게 먹은 나머지 배탈이 났다.
- 하루 종일 이삿짐을 정리하느라 힘든 나머지 밤에는 아무 일도 못했다.

⋯› **지나치거나 무리한 행동, 상황이 계속되어 의도하지 않은 결과가 일어났을 때 사용한다.**

- 유미는 밤을 **새운 나머지** 다음 날 결석하고 말았다.
- 누나는 매형의 교통사고 소식을 듣고 충격을 **받은 나머지** 쓰러졌다.
- 그는 발표 준비를 하느라 정신을 **쏟은 나머지** 배가 고픈 줄도 몰랐다.
- 진나는 대학교 불합격이라는 결과에 **실망한 나머지** 고향으로 돌아가려고 했다.

가: 조금 있으면 발표가 시작되는데 발표자는 어디 있어?
나: 발표를 앞두고 너무 **초조한 나머지** 화장실에 간 것 같아.

⊙ **앞과 뒤의 주어가 같아야 하며, 뒤에 나타난 결과는 앞의 행동이나 상황으로 부정적인 결과가 나타났을 때 사용한다.**

예) 실수로 발표를 망친 수지는 속상한 나머지 진나가 한 시간 내내 울었다. (×)
실수로 발표를 망친 수지는 속상한 나머지 한 시간 내내 울었다. (○)

열심히 노력한 나머지 시험에 합격했다. (×)
열심히 노력한 결과 시험에 합격했다. (○)

매형 정신을 쏟다 초조하다

연습

1. 알맞은 것을 골라 문장을 완성하십시오.

바쁘다	괴롭다	당황하다	긴장하다	서두르다

1) 성주는 연이은 취업 실패로 ______________ 최근에 불면증이 생겼다.

2) 왕명은 회사 면접에서 너무 ______________ 제대로 말을 하지 못했다.

3) 친구는 발표 도중에 사람들이 웃자 ______________ 한동안 멍하니 서 있었다.

4) 그는 회사 일로 정신없이 ______________ 여자 친구의 생일을 잊어버리고 말았다.

5) 유미는 늦게 일어난 탓에 지각하지 않으려고 ______________ 계단에서 넘어져 다리를 다쳤다.

2. 〈보기〉와 같이 연결하고 문장을 완성하십시오.

보기 시험 때문에 스트레스를 많이 받다 —— 잠도 설치고 머리카락이 빠지다
시험 때문에 스트레스를 많이 받은 나머지 잠도 설치고 머리카락이 빠졌다.

1) 된장찌개를 오래 끓이다	•	•	술을 많이 마시다
2) 혼자 있는 것이 익숙해지다	•	•	점수도 보지 않고 경기장을 빠져나가다
3) 친구는 마라톤을 마치고 탈진하다	•	•	짜서 먹지 못하다
4) 그 선수는 자신의 경기력에 실망하다	•	•	그 자리에서 쓰러지다
5) 그는 자기 마음을 몰라주는 유미 때문에 마음이 상하다	•	•	잘 때 누가 있으면 오히려 불편하다

1) ______________________________.

2) ______________________________.

3) ______________________________.

4) ______________________________.

5) ______________________________.

서두르다	탈진하다

3. 다음을 읽고 (　　)에 알맞은 것을 고르십시오.

1) 매일 꾸준히 공부한 (나머지, 결과) 토픽 시험에 합격하게 되었다.

2) 수지는 생각에 몰두한 (나머지, 결과) 다른 사람이 부르는 소리를 듣지 못했다.

3) 그녀는 며칠 동안 야근해 너무 피곤한 (나머지, 결과) 집에 오자마자 쓰러졌다.

4) 유민 씨가 회사 일이 너무 바쁜 (나머지, 결과) 급하게 밥을 먹다가 체하고 말았다.

5) 성공한 사람들은 자기에게 행운도 있었지만 끊임없이 자기와 싸운 (나머지, 결과) 성공을 이룬 것이라고 말한다.

4. 다음을 읽고 〈보기〉와 같이 기사문을 완성하십시오.

보기 **공연에 빈자리가 많이 생기자 공짜표 남발해…**

→ 대학로에는 많은 공연들이 상연되고 있습니다. 하지만 그 공연 중 제대로 수익을 올리는 공연은 얼마나 될까요? 공연할 때 너무 빈자리가 많은 나머지 공짜표를 사람들에게 나눠주고 자리를 채우는 일이 많아졌습니다.

1) 무리한 확장 공사로 건물이 무너져…

여기는 경기도에 위치한 주택 공사 현장입니다. 보시다시피 이곳은 설계도를 무시한 채 무리하게 면적을 　　　　　　　　　　 건물이 무너져 버렸습니다. 공사 관계자는 설계도보다 약 1.5배 넓은 크기로 위층 공사를 하던 중 사고가 일어났다고 합니다.

남발하다	확장하다	설계도

2) 층간 소음 문제로 앙심을 품고 윗집에서 기르던 개를 버려…

층간 소음 문제로 어처구니없는 일이 발생했습니다. 어제 서울 영등포구에 위치한 A 아파트에 사는 김○○ 씨는 위층과 층간 소음 문제로 자주 다퉜습니다. 최근에도 윗집 사람들에게 위협을 가해 경찰서에 신고하는 일까지 발생했습니다. 이런 잦은 다툼으로 윗집 사람들에 앙심을 ________ ________ 윗집에서 기르던 개를 인근 공원에 데리고 가서 버리고 말았습니다.

3) 흥분한 관중들 경기장으로 뛰어들어 난동 부려…

어제 프로 야구 경기 중 이○○ 씨는 심판 판정에 ________ 경기장에 뛰어들어 난동을 부렸습니다. 경기장에 뛰어든 이○○ 씨는 경기장에 있던 안전 요원에 제압당해 곧바로 경찰관에게 넘겨졌습니다.

더 생각해 보기

A/V-아/어서

V-(으)ㄴ 끝에

V-(으)ㄴ 결과

층간 소음	앙심을 품다	어처구니없다	위협을 가하다	난동	제압당하다

4

나열 표현

① A-(으)니 A-(으)니 (하다) // V-느니 V-느니 (하다)

② N(이)며 N(이)며

1 A-(으)니 A-(으)니 (하다) // V-느니 V-느니 (하다)

시작하기 전에

- 내가 만든 음식이 맛있느니 맛없느니 해서 짜증이 났다.
- 가족들은 피서지를 바다로 가느니 마느니 떠들기 시작했다.

⋯› **주로 서로 대립되는 생각, 의견, 말 등을 나열할 때 사용한다. '있다', '없다', '계시다'에도 쓸 수 있다.**

- 우리는 삼겹살을 더 **시키느니 마느니 하며** 시끄러웠다.
- 친구는 숙제는 시작도 안 하고 숙제 양이 **많으니 적으니** 말만 했다.
- 유미가 발표를 끝내자 **잘했느니 못했느니 하며** 학생들은 수군거렸다.
- 가족들은 삼촌이 이렇게 벌어서는 결혼을 할 수 **있느니 없느니** 걱정했다.

⊙ **꼭 대립되지 않아도 어떤 상태나 상황에 대해 이런저런 말을 많이 할 때 사용한다. 인용을 나타내는 'ㄴ/는다'를 붙여 'ㄴ/는다느니 ㄴ/는다느니 하다'의 형태로도 사용한다.**

예) 친구는 시간이 **없다느니 바쁘다느니 하며** 약속을 계속 미뤘다.
강원도를 버스로 **간다느니** 자가용으로 **간다느니 하다가** 결국 못 갔다.
오늘 본 아파트에 대해서 주방이 **좁다느니** 화장실이 **불편하다느니** 의견이 분분했다.

⊙ **'뭐니 뭐니 해도', '이러니저러니 해도', 'A-(으)니/V-느니 어쩌니 해도', 'V-느니 마느니' 등이 형태로 사용하는 경우가 많다.**

예) 뭐니 뭐니 해도 비 오는 날에는 막걸리에 파전이죠.
친구들이 이러니저러니 해도 그 친구는 믿을 만한 사람이야.
사람들이 비싸니 어쩌니 해도 명동에서 쇼핑하는 것이 제일 편하죠.

가: 친구와 왜 싸운 거예요?
나: 우리 집으로 **오느니 마느니 하다가** 결국 말다툼을 했어요.

수군거리다	분분하다

연습

1. 알맞은 것을 두 개 골라 문장을 완성하십시오.

옳다	먹다	쉽다	멀다	말다
가깝다	그르다	잘하다	어렵다	못하다

1) 친구들은 새로 이사한 우리 집이 지하철역에서 ________________ 투덜거렸다.

2) 중간시험이 끝나자 학생들이 시험 문제가 ________________ 하며 말이 많았다.

3) 정부가 국정 운영을 ________________ 해도 정치에 관심을 갖는 것이 필요하다.

4) 아이의 행동이 ________________ 말만 하는 것보다는 부모가 행동으로 보여주는 것이 더 낫다.

5) 다이어트를 위해 저녁을 ________________ 하는 것보다 운동을 열심히 하는 것이 더 나을 것 같다.

2. 다음 대화를 완성하십시오.

1) 가: 주말에 남자 친구를 부모님께 소개했다면서요? 어땠어요?

나: 남자 친구의 ________________ 하며 맘에 들어 하지 않으셨어요.

2) 가: 여행 가기 전에 둘이 신나 하더니 여행 가서 왜 싸운 거예요?

나: 날씨가 ________________ 하며 불평만 해 대서 싸웠어요.

3) 가: 왜 그렇게 화가 났어요?

나: 성주가 자기 가방이 ________________ 하면서 만지지도 못하게 하잖아요.

4) 가: 유미 씨가 다이어트를 시작했어요?

나: 아니요. 아직도 운동을 ________________ 하며 미루고 있어요.

5) 가: 재들은 또 무슨 얘기를 하냐?

나: 이 동네에 대형 마트가 ________________ 하며 이야기하나 봐.

투덜거리다 국정 운영 불평

3. 알맞은 것을 골라 문장을 완성하십시오.

하느니 마느니 해도	사느니 마느니 해도	뭐니 뭐니 해도
아까우니 어쩌니 해도	이러니저러니 해도	

1) 더운 여름날 시원한 맥주가 제일이야.

2) 시간이나 돈이 여름휴가 때 여행 가는 것이 좋지.

3) 사람들이 신경 쓰지 말고 네 마음 편한 대로 해라.

4) 엄마는 귀찮다면서 요리를 막상 요리하면 맛있게 하지.

5) 동생은 돈이 없다면서 운동화를 새 운동화가 나오면 바로 사.

4. 다음 그림을 보고 〈보기〉와 같이 문장을 완성하십시오.

보기 성주는 어제 산 옷이 환불이 되느니 안 되느니 하면서 백화점으로 갔다.

1) 

신인 아이돌 그룹의 공연을 보고 하며 말이 많았다.

2) 

송년회에서 사장님께서 올해 모두 정말 하며 우리를 격려해 주셨다.

3) 

정부의 경기 부양책을 놓고 두 사람은 경기 회복에 하며 논쟁을 벌였다.

경기 부양책

더 생각해 보기

A/V-(으)네 A/V-(으)네 하다

2 N(이)며 N(이)며

시작하기 전에

- 그는 춤이며 노래며 못하는 것이 없다.
- 할머니는 떡이며 과자며 간식을 잔뜩 주셨다.

···› **여러 사물이나 사실을 같은 자격으로 이어 주면서 나열할 때 사용한다.**

- 성주는 **외모며 성격이며** 모두 자기 아버지를 꼭 닮았다.
- 감기에 심하게 걸린 친구는 **낮이며 밤이며** 누워만 있었다.
- 며칠 동안 폭설이 내려서 **집이며 길이며** 모두 눈에 파묻혔다.
- 이번 연구는 **선배며 후배며** 모두들 많이 도와줘서 빨리 끝날 수 있었다.

가: 이사하는 데 돈이 많이 들지?

나: 응. 새집에 가니 **침대며 소파며** 새로 살 것이 한둘이 아냐.

⊙ **동사나 형용사는 명사형으로 바꿔 'A/V-(으)ㄴ/는 것이며'로 사용할 수 있으며 'A/V -(으)ㄴ/는 거며'와 같이 줄여 쓸 수 있다.**

예) 다리를 다쳐서 서 **있는 것이며 걷는 것이며** 불편한 것이 너무 많다.

다리를 다쳐서 서 **있는 거며 걷는 거며** 불편한 것이 너무 많다.

⊙ **'(이)며' 대신 '(이)니'나 '하며'로 바꾸어 사용할 수 있다.**

예) 아빠는 **곰 인형이니 강아지 인형이니** 동생이 좋아하는 인형들을 사 왔다.

아빠는 **곰 인형하며 강아지 인형하며** 동생이 좋아하는 인형들을 사 왔다.

파묻히다

연습

1. 알맞은 것을 골라 문장을 완성하십시오.

영어	책	과자	축구	춤
과일	스페인어	노래	노트북	야구

1) 내 친구 성주는 ______________ 못하는 외국어가 없다.

2) 진나는 ______________ 다 좋아해서 가수가 되고 싶어 한다.

3) 가방 안에는 ______________ 많이 들어 있어서 너무 무거웠다.

4) ______________ 못하는 운동이 없던 친구가 요즘은 골프까지 배운다.

5) 내일 한강 공원으로 놀러 가려고 마트에 가서 ______________ 음료수까지 사 왔다.

2. 다음 대화를 완성하십시오.

1) 가: 새로 이사한 집이 풀 옵션이라면서요?

나: 네. 집에 ______________ TV까지 없는 게 없어요.

2) 가: 그 친구는 어떻게 그렇게 많은 돈을 벌었대요? 부동산이야? 아니면 주식이야?

나: 그 친구의 ______________ 다 올랐대요. 운이 정말 좋은 친구죠.

3) 가: 저 사람이 동생이에요? 정말 많이 닮았네요.

나: 얼굴만 닮았지 ______________ 저와 완전히 달라요.

4) 가: 엄마, 벌써 다 먹었어요. 매운 닭갈비 더 없어요?

나: 매운 음식을 ______________ 어쩜 네 아빠랑 똑같니.

5) 가: 부모님이 여자 친구를 좋아하세요?

나: 네. ______________ 뭐 하나 빠지는 것이 없어서 좋아하세요.

부동산	주식

3. 알맞은 것을 골라 글을 완성하십시오.

잘생긴 외모	작사	말이 없다	집	무뚝뚝하다
뛰어난 재능	학교	화려한 무대 매너	작곡	따뜻한 마음

올해의 가수로 뽑힌 이준 씨는 1) 　　　　　　　　　　　　 뛰어난 가창력까지 뭐 하나 부족함이 없어 많은 사람들에게 사랑을 받는다. 하지만 평소 성격은 무대에서 보여 주는 것과 사뭇 다르다. 이준 씨의 어머니께 그의 성격을 묻자,

"집에서는 거의 말이 없어요. 2) 　　　　　　　　　　　　 자기 아버지를 닮았어요."라고 대답했다. 하지만 그런 성격과 달리 남모르게 봉사 활동도 자주 하고 기부 활동도 열심히 하는 등 마음은 따뜻하다고 알려졌다.

그는 학창 시절 3) 　　　　　　　　　　　　 장소를 가리지 않고 다양한 장르의 음악을 들었다고 한다. 그래서 그의 음악 세계는 다양하고 모든 노래를 자신이 직접 만들었다. 4) 　　　　　　　　　　　　 그의 음반에는 자신의 손을 거치지 않은 음반이 없다고 해도 과언이 아니다.

5) 　　　　　　　　　　　　 어느 것 하나 빠지지 않는 이준! 그의 인기는 앞으로도 계속 될 것으로 보인다.

가창력	사뭇	무뚝뚝하다	음반

5

높임법

① 주체 높임
② 상대 높임
③ 객체 높임

1 주체 높임

시작하기 전에

- 아버지께서 평소보다 늦게 돌아오셨다.
- 할아버지, 날씨가 추우니까 따뜻하게 입으세요.

1. 문장의 주어를 높이는 방법으로 주어에는 '-께서', 서술어(뒤에 오는 동사나 형용사)에는 '-(으)시'를 붙여 사용한다.

- 어머니**께서** 직접 요리를 해 **주셨다**.
- 선생님**께서** 성적 결과를 천천히 **말씀하셨다**.
- 사장님**께서** 사무실을 손수 **청소하시고 정리하셨다**.

가: 아버지**께서** 신문을 자주 **보십니까**?

나: 네, 아버지**께서**는 신문을 자주 **보십니다**.

2. 높여야 할 대상의 신체 일부나 관계있는 대상이 주어로 사용될 때에 '있다'는 '계시다', '자다'는 '주무시다', '먹다'는 '잡수시다', '아프다'는 '편찮으시다' 등을 사용한다. 그리고 '밥'은 '진지', '집'은 '댁', '나이'는 '연세' 등과 같이 어휘를 바꿔 높임을 표현하기도 한다.

- 저희 할아버지는 **연세**가 **많으십니다**.
- 어머니께서 감기에 **걸리셔서** 많이 **편찮으세요**.
- 할머니께서 **편찮으셔서** 병원에 입원하셨습니다.

⊙ **듣는 사람이 문장의 주체보다 높을 경우 주체가 말하는 사람보다 윗사람이더라도 '-(으)시-'를 사용하지 않는다.**

예) 할아버지, 아버지가 아직 안 왔어요.

할머니, 어머니가 김치를 담가 왔어요.

교수님, 박 선배가 먼저 갔습니까?

선생님, 3학년 선배가 방금 과제를 제출했어요.

※ **하지만 현재는 주로 가족이나 사제 관계에서만 쓰이는 경우가 많아 '-(으)시-'를 사용해도 괜찮다.**

예) 할머니, 아버지께서 지금 저녁 드세요.

할아버지, 어머니가 조금 전에 전화하셨어요.

연습

1. 알맞은 것을 골라 문장을 완성하십시오.

세다	거르다	아프다	넉넉하다	어울리다

1) 부장님, 코트가 잘 ____________.

2) 할아버지의 머리가 전보다 더 하얗게 ____________.

3) 입맛이 없다고 자꾸 진지를 ____________ 안 됩니다.

4) 아버지께서는 몸이 ____________ 참고 일하러 나가셨다.

5) 그분은 젊은 시절 저축을 많이 하셔서 살림이 ____________ 편이다.

2. 다음 대화를 완성하십시오.

1) 가: 안녕하십니까? 처음 뵙겠습니다. 팀장님께 ____________ 많이 들었습니다.

나: 네, 저도 많이 들었습니다. 만나 뵙게 되어 반갑습니다.

2) 가: 넌 왜 청국장만 먹으면 멍하니 앉아 있니?

나: 청국장은 돌아가신 아버지께서 즐겨 ____________ 음식이라 아버지 생각이 많이 나.

3) 가: 과장님은 집에서 회사까지 가까우시니까 ____________?

나: 회사가 가깝다고 다 편한 것만은 아냐. 휴일에도 툭하면 회사에 나와야 하고.

세다	거르다	살림	청국장	툭하면

4) 가: 유미가 집에 있었구나! 아버지 집에 계시니?

나: 안녕하세요? 아뇨, 약속이 외출하셨어요.

5) 가: 할머니께서는 좀 어떠시니? 얼른 일어나셔야 하는데…

나: 병원에 입원하시고 많이 . 감사합니다.

3. 알맞은 것을 골라 〈보기〉와 같이 바꿔 글을 완성하십시오.

보기 생일 → 생신

살다	먹다	말하다	준비하다	건강하다

오늘은 시골에 사시는 할머니의 100세 생신 잔치가 있는 날이다. 할머니께서는 100세가 되셨지만 여전히 1) . 언제나 5시에 일어나셔서 집 안을 청소하시고 아침을 2) . 아침을 잡수시고 밭에 난 풀을 뽑거나 배추를 심는 등 간단한 밭일을 하신다. 하루 세 번 진지를 거르지 않으시고 꼭 3) . 특별히 잘 잡수시는 음식은 따로 없으나 잡곡밥과 나물, 고기를 잘 잡수신다. 하지만 많이 잡수시지는 않는다. 아버지와 어머니께서 서울에 오셔서 같이 살자고 하시는데도 산도 있고 강도 있는 시골에 사시는 것이 더 편하다고 4) . 늘 느긋하고 낙천적이신 우리 할머니께서 오래오래 5) 좋겠다.

밭일	잡곡밥	나물

2 상대 높임

시작하기 전에

- 궁금한 점이 있으면 질문하십시오.
- 어제 오랜만에 대학 동창을 만났소.

말하는 사람이 듣는 사람을 높이거나 낮추는 방법으로 공식적인 상황과 비공식적인 상황, 두 사람의 나이, 사회적 지위, 가족 관계, 친분 관계 등에 따라 문장의 종결 형태를 달리해 사용한다.

구분 \ 종결형		평서형	의문형	명령형	청유형	감탄형
격식체	아주 높임	-ㅂ/습니다	-ㅂ/습니까?	-(으)십시오	-	-
	예사 높임	-(으)오 -소	-(으)오? -소?	-(으)시오	-(으)ㅂ시다	-(는)구려!
	예사 낮춤	-네	-(으)ㄴ/는가? -나?	-게	-(으)세	-(는)구먼!
	아주 낮춤	-(ㄴ/는)다	-(으/느)냐? -(으)니?	-아/어라	-자	-(는)구나!
비격식체	두루 높임	-아/어요	-아/어요?	-(으)세요/ -(으)셔요	-아/어요	-(는)군요!
	두루 낮춤	-아/어	-아/어?	-아/어	-아/어	-(는)군!

격식체

1. 아주 높임

듣는 사람을 아주 높이는 것으로 듣는 사람이 말하는 사람보다 나이가 많거나 윗사람일 때 사용한다. 그리고 처음 만났거나 예의를 갖추어야 할 때 주로 사용한다.

- 이리로 **오십시오**.
- 처음 **뵙겠습니다**.
- 지금부터 회의를 **시작하겠습니다**.

2. 예사 높임

듣는 사람을 약간 높이는 것으로 듣는 사람이 말하는 사람과 나이가 비슷하거나 아직 친하지 않은 아랫사람에게 낮춰 말하기 어려울 때 사용한다. '-(으)ㅂ시다'를 제외하고는 잘 사용하지 않고 표지판이나 안내문 같은 곳에서 명령형으로 사용한다.

- 나는 그만 **들어가겠소**.
- 총각, 길 좀 **물읍시다**.
- 쓰레기를 버리지 **마시오**.

3. 예사 낮춤

듣는 사람을 약간 낮추는 것으로 듣는 사람이 말하는 사람과 나이가 비슷하거나 아랫사람이지만 대접해서 말할 때 사용한다. 선생이 나이든 제자에게, 장인이 사위에게 등 제한적으로 사용한다.

- 김 군, 이 논문 좀 **찾아 주게**.
- 어서 **오게**. 사돈어른은 **괜찮으신가**?
- 여기 앉게. 무슨 일로 나를 **찾아왔나**?

4. 아주 낮춤

듣는 사람을 아주 낮추는 것으로 듣는 사람이 말하는 사람보다 나이가 어리거나 친구 사이일 때 사용한다. 두 사람 관계가 아주 친하거나 형제자매 사이에 나이 차이가 많이 나지 않을 때도 사용한다.

- 너 또 **먹냐**?
- 동생아, 너가 먼저 **해 봐**.
- **늦었어**. 빨리 **가자**.

⋯› 비격식체

1. 두루 높임

듣는 사람을 보통 높이는 것으로 듣는 사람이 말하는 사람보다 나이가 많거나 윗사람일 때 사용한다. 일상생활에서 많이 사용되며 처음 만났더라도 비슷한 위치일 때 사용한다.

- 맛있게 **드세요**.
- 시간 **있으세요**?
- 날씨가 꽤 **춥군요**.

2. 두루 낮춤

듣는 사람을 높이지 않는 것으로 듣는 사람이 말하는 사람보다 나이가 어리거나 친한 사람일 때 사용한다. 주로 친한 친구, 동료, 형제자매 사이에 사용한다.

- 맛있게 **먹어**.
- 시간 **있어**?
- 날씨가 꽤 **춥다**.

연습

1. 〈보기〉와 같이 문장을 바꾸십시오.

보기 손님, 여기에서 잠시만 기다리십시오.
(친구 유미에게) → 유미야, 여기에서 잠시만 기다려.

1) 물어볼 게 있는데 시간이 있니?

(학생이 교수님께) → ______________________________?

2) 지금부터 회의를 시작하지요.

(사회자가 참석자에게) → ______________________________.

3) 시간이 늦었으니 그만 가겠습니다.

(장인이 사위에게) → ______________________________.

4) 왜 이렇게 늦으셨어요. 일찍 좀 다니세요.

(형이 동생에게) → ______________________________.

5) 유미야, 무척 덥지? 여기로 와.

(손녀가 할아버지께) → ______________________________.

2. 다음 대화를 완성하십시오.

1) 가: 점심 먹고 도서관에 간다고 했지? 그럼 내 책 좀 반납해 줄래?

나: 그래, 알았어. 점심도 얻어먹었으니 내가 .

2) 가: 할아버지, 아침 일찍 어디에 ?

나: 오랜만에 날씨가 좋아서 공원에 갔다 오는 길이다.

3) 가: 김 군, 어떻게 이런 생각을 ? 기존의 주장과는 정반대로군.

나: 교수님께서 늘 다르게 생각해 보라고 하셔서 반대로 생각해 봤습니다.

4) 가: 이 색상 말고 다른 색상은 없나요?

나: 네, 손님. 그 디자인은 그 색상만 있습니다. 그럼 이 디자인은 ?

5) 가: 그동안 어떻게 지냈소? 기별도 없이 찾아 와 놀랐소.

나: 나야 별일 없이 잘 . 그나저나 건강은 어떻소?

3. 다음 대화를 〈보기〉처럼 상황에 맞게 바꾸십시오.

보기

의사: 어떻게 오셨습니까?
환자: 감기에 걸린 것 같아요.
의사: 어떻게 아프세요?
환자: 열이 나고 목이 많이 아파요.
의사: 기침도 하십니까?
환자: 네, 기침은 오늘 아침부터 했어요.
의사: 요즘 유행하는 목감기에 걸린 것 같네요.
처방전 드릴 테니 약 드시고 푹 쉬세요.

기존	기별

〈의사인 장인에게 찾아온 사위〉

장인: 어떻게 왔나?

사위: 감기에 걸린 것 같습니다.

장인: 어떻게 1) ______________ ?

사위: 열이 나고 목이 많이 아픕니다.

장인: 기침도 2) ______________ ?

사위: 네, 기침은 오늘 아침부터 했습니다.

장인: 요즘 유행하는 목감기에 걸린 것 같네.

처방전 줄 테니 약 먹고 푹 3) ______________ .

〈의사인 친구에게 찾아온 성주〉

유미: 어떻게 왔어?

성주: 감기에 걸린 것 4) ______________ .

유미: 어떻게 아픈데?

성주: 열이 나고 목이 많이 5) ______________ .

유미: 기침도 하니?

성주: 어, 기침은 오늘 아침부터 6) ______________ .

유미: 요즘 유행하는 목감기에 걸린 것 같아.

처방전 줄 테니 약 먹고 푹 쉬어.

3 객체 높임

시작하기 전에

- 이 옷을 아버지께 드리고 와라.
- 어제 할머니를 모시고 시장에 다녀왔다.

⋯› 문장에서 목적어나 부사어가 되는 사람 즉, 대화의 제삼자를 높이는 방법으로 명사에 '-에게'가 붙으면 '-께'를 쓰며, '드리다, 모시다, 뵈다(뵙다), 여쭈다(여쭙다), 말씀드리다' 등의 동사를 사용한다.

- 김 교수님을 **뵈러** 학교에 갔다.
- 선생님께 **여쭤보면** 어느 것이 맞는지 알 수 있을 거야.
- 할아버지께서 좋아하시는 복숭아를 사다 **드렸더니** 좋아하셨다.

가: 고모님을 용산역까지 **모셔다 드리고** 올게요.

나: 그래, 비가 오니까 조심히 운전해라.

연습

1. 〈보기〉와 같이 문장을 바꾸십시오.

1) 친구를 데리러 공항에 다녀올게.

할머니를 　　　　　　　　　　 공항에 다녀올게.

2) 반장에게 내일 숙제에 대해 물어 보자.

선생님께 내일 숙제에 대해 　　　　　　　　　　.

3) 동생에게 생일 선물로 옷을 한 벌 사 줘어.

어머니께 생신 선물로 옷을 한 벌 　　　　　　　　　　.

4) 유진 씨에게 내가 이번 보고서에 대해 <u>말할게</u>.

부장님께 제가 이번 보고서에 대해 ＿＿＿＿＿＿＿＿＿＿.

5) 내일 여자 친구와 같이 고등학교 동창을 <u>만나기로 했어</u>.

내일 여자 친구와 같이 부모님을 ＿＿＿＿＿＿＿＿＿＿.

2. 다음 대화를 완성하십시오.

1) 가: 계약을 다음 주로 연기할까 하는데 괜찮을까요? 누구에게 말하면 될까요?

나: 우선 부장님께 ＿＿＿＿＿＿＿＿＿＿ 것이 좋을 것 같습니다.

2) 가: 저도 우체국에 가는 길인데 같이 가요. 그런데 우체국에는 왜 가요?

나: 제주도에 ＿＿＿＿＿＿＿＿＿＿ 외삼촌께 생신 선물을 보내드리려고요.

3) 가: 졸업하면 취직할지 대학원에 갈지 아직 결정을 하지 못했어?

나: 교수님을 ＿＿＿＿＿＿＿＿＿＿ 졸업한 후에 어떻게 할지 여쭤보는 것은 어때?

4) 가: 공항은 왜 갔다 와? 누구 데려다주고 온 거니?

나: 부모님께서 여행을 가셔서 공항까지 ＿＿＿＿＿＿＿＿＿＿ 오는 길이야.

5) 가: 오전에 새해 인사하러 갔다면서? 잘 하고 왔니?

나: 네, 교수님께 세배를 ＿＿＿＿＿＿＿＿＿＿ 떡국을 주셔서 맛있게 먹고 왔어요.

3. 알맞은 것을 골라 글을 완성하십시오.

만나다 말하다 사다 모시다 찾아뵙다

난 대학교 진학을 포기하고 회사에 들어갔다. 그리고 어제 생애 처음으로 월급이라는 것을 받았다. 받은 첫 월급으로 부모님께 선물을 1) ______________ . 선물을 내놓자 어머니는 눈물을 흘리셨고, 아버지는 말없이 허공만 바라보셨다. 집안 형편이 갈수록 나빠져 난 대학교에 들어가지 않기로 했다. 대학교에 가지 않고 회사에 취직하겠다고 2) ______________ 때 부모님은 많이 미안해하셨다. 하지만 난 괜찮았다. 대학교는 형편이 나아지면 얼마든지 갈 수 있을 거라 생각했기 때문이다. 이런 생각은 고등학교 3학년 때 담임 선생님을 3) ______________ 더 확실해졌다. 선생님께서 회사에 가서도 얼마든지 대학에 다닐 수 있으니 공부를 그만두지 말라고 하셨다. 선생님을 4) ______________ 오는 길에 사이버 대학과 야간 대학을 알아보았다. 정말 선생님 말씀대로 내가 결심만 하면 적은 돈으로도 공부를 계속할 수 있었다. 부모님을 5) ______________ 제주도에 여행 가는 것 말고 또 다른 꿈이 생겼다.

형편 허공 사이버 대학 야간 대학

6

당연/당위 표현

① A-(으)ㄴ 법이다 // V-는 법이다

1 A-(으)ㄴ 법이다 // V-는 법이다

시작하기 전에

- 겨울이 가면 봄이 오는 법이다.
- 살다 보면 힘든 일도 겪게 되는 법이다.

어떤 동작이나 상태가 이미 그렇게 되는 것이 정해져 있거나 그렇게 되는 것이 당연할 때 사용한다. 보편적이고 일반적인 원리나 자연스러운 법칙을 나타낼 때 사용하며, 속담을 이용해 사용하기도 한다.

- 열심히 노력해야 **성공하는 법이다**.
- 진정한 자유에는 책임이 **따르는 법이다**.
- 한곳에 오래 살다 보면 정이 **드는 법이다**.
- 하늘이 무너져도 솟아날 구멍이 **있는 법이다**.

가: 오늘은 정말 출근하기 싫더라고요.
나: 원래 긴 연휴 끝에는 출근하기가 **싫은 법이죠**.

⊙ **주로 3인칭 주어와 같이 쓰거나 주어 없이 사용한다. 그리고 주로 현재 시제로 사용하며 과거나 미래 시제로는 사용하기 어렵다.**

예) 나/너는 면접 전에는 떨리는 법이다. (×)
(누구나) 면접 전에는 떨리는 법이다. (○)
급해서 너무 서두르면 실수하는 법이었다 / 법이겠다. (×)

⊙ **'는' 뒤에 '법이 없다'를 사용하여 이미 버릇이 되어 어떤 일을 결코 하지 않은 것이 습관이라는 뜻을 나타내기도 한다.**

예) 동생은 결코 숙제를 **미루는 법이 없다**.
민수는 아무리 힘들어도 언제나 **포기하는 법이 없다**.

연습

1. 알맞은 것을 골라 문장을 완성하십시오.

춥다	많다	늙다	생기다	떨어지다

1) 사람은 누구나 ______________________.

2) 여름은 덥고 겨울은 ______________________.

3) 성격이 좋으면 친구가 ______________________.

4) 소통이 없으면 오해가 ______________________.

5) 나이가 들면 소화 능력이 ______________________.

2. 다음 대화를 완성하십시오.

1) 가: 공연이 무료라고 해서 왔는데 공연 안내 책자가 2만 원이네요.

   나: 역시 세상에 공짜는 ______________. 어떻게 할래요? 그냥 볼까요?

2) 가: 엄마가 쓰던 물건을 어디에 두었는지 몰라 자꾸 전화하셔서 걱정이야.

   나: 나이가 들면 기억력이 ______________. 우리 아버지도 그러시잖아.

3) 가: 김 대리가 많이 지쳐 보이네요. 프로젝트 회의 준비하느라 3일이나 밤을 샜다나 봐요.

   나: 아무리 젊어도 밤샘 작업은 ______________. 좀 쉬어야 하는데 걱정이네요.

4) 가: 지난달에 이어 이번 달에도 교통 범칙금 고지서가 또 왔어. 벌금을 내야겠지?

   나: 그럼, 교통 규칙을 어겼으면 벌금을 물어야 ______________. 앞으로 조심히 운전해.

5) 가: 언제쯤 헤어진 여자 친구가 생각나지 않을까?

   나: 시간이 약이야. 슬프고 잊기 힘든 것도 시간이 지나면 ______________.

프로젝트	밤샘	범칙금	고지서

3. 〈보기〉에서 알맞은 속담을 골라 이야기를 완성하십시오.

보기

바늘 도둑이 소도둑 된다	등잔 밑이 어둡다
뛰는 놈 위에 나는 놈이 있다	도둑이 제 발 저리다

1) 요즘 아버지께서는 혈압이 높아 병원에 다니시고 혈압 약을 드신다. 어머니는 아버지의 혈압을 낮추기 위해 음식을 덜 맵고 덜 짜게 요리해 주시고, 평소에는 맵고 짠 자극적인 음식을 못 드시게 했다. 그런데 어젯밤에 어머니가 배가 고프셔서 야식으로 라면을 드시다가 잠깐 화장실에 다녀오니 라면이 반이나 줄어 있었다. 어머니께서 동생과 나에게 라면이 왜 줄었냐고 물으셨는데 갑자기 아버지께서 "내가 안 먹었어."라고 말씀하셨다. 원래 ____________________.

2) 민주는 어릴 때부터 말을 참 잘했다. 그래서 고등학교 때까지 각종 말하기 대회나 토론 대회에 나가 입상을 여러 번 했나. 대학에 들어와서도 전공과목이든 교양 과목이든 발표에는 자신이 있었다. 하지만 전국 대학생 토론 대회에 참가한 뒤 자신감이 떨어졌다. 자신보다 훨씬 조리 있게 말하는 학생들이 많았기 때문이다. 세상에는 ____________________.

3) 오늘은 초등학교 5학년 때 담임 선생님을 뵈러 간다. 나에게 큰 가르침을 주신 분이어서 1년에 한 번 이상은 꼭 찾아뵌다. 초등학교 5학년 때 친구의 시계가 너무 탐이 나서 내 가방에 숨겼다. 이를 아신 선생님께서는 ____________________ 나를 엄하게 꾸중하셨다. 그 뒤 나는 남의 물건에는 눈길도 주지 않고 정직하게 생활했다. 그날의 가르침 덕분에 나는 지금 경찰관이 되었다.

4) 유미는 같은 부서 이 대리를 혼자서 좋아했다. 그래서 시간이 날 때마다 이 대리 근처를 서성거리기도 하고 이 대리가 점심을 먹고 자주 가는 카페에 가기도 했다. 그런데 오늘 충격적인 이야기를 들었다. 이 대리가 글쎄 남도 아니고 바로 유미의 옆자리에 앉는 민주와 사귄다는 이야기였다. 유미의 경쟁 상대가 바로 옆에 있었다니 역시 ____________________.

혈압	조리	꾸중하다	눈길	서성거리다

4. 알맞은 것을 골라 글을 완성하십시오.

돕다	늦다	없다

오늘도 이진우 과장은 8시가 되기 전에 출근했다. 비가 오나 눈이 오나 1) ______________. 어린 나이에 과장을 하는 데는 다 이유가 있다. 이번에도 큰 계약을 성사시켰다. 이번에 새로 계약한 회사는 이미 오랫동안 거래한 곳이 있었다고 한다. 그래서 모두가 그 회사와의 계약은 생각하지도 않았다. 하지만 영원한 것은 세상에 2) ______________ 보다. 재계약 시기를 미리 알고 매일 그 회사에 출근하다시피 하며 우리 회사 제품을 설명했다고 한다. 이 과장의 열정과 노력에 감동한 그 회사는 우리 회사와 계약을 체결했다. 성실하게 회사 생활을 하고 능력을 발휘하고 있으니 곧 부장으로 승진할 거란 소문이다. 역시 하늘은 스스로 돕는 자를 3) ______________.

더 생각해 보기

A/V-기 마련이다

성사시키다　　체결하다　　발휘하다

7

대조/반대 표현

① A/V-고도

1 A/V-고도

시작하기 전에

- 그녀는 다른 사람의 발을 밟고도 미안하다는 말을 하지 않았다.
- 이 호수는 정말 넓고도 깊다.

1. 앞의 행위가 완료된 후에 예상되는 결과와 상반되거나 의외의 상황이 나타날 때 사용한다.

- 성주는 내가 부르는 소리를 **듣고도** 못 들은 척했다.
- 지수는 적은 재료를 **가지고도** 항상 훌륭한 요리를 만든다.
- 할아버지는 은행에서 **은퇴하시고도** 여전히 바쁘게 생활하신다.

가: 발표 준비는 다 끝냈으니 농구나 하러 나갈까?

나: 농구하러 나가자고? 넌 밤을 **새우고도** 안 피곤하니?

2. 앞의 내용과 비슷하거나 다른 특성이 있음을 나타낼 때도 사용한다.

- 이 음식은 **고소하고도** 담백해서 인기가 많다.
- 과장님이 낸 아이디어는 **참신하고도** 독창적이었다.
- 어제 읽은 책은 **슬프고도** 아름다운 사랑 이야기를 잘 그려 냈다.

가: 이 약수는 어쩜 이렇게 **투명하고도** 맑니?

나: 그러게. 다른 약수하고 비교할 수 없을 정도로 깨끗하네.

⊙ **앞의 내용과 뒤의 내용의 주어는 같아야 하고, 앞의 내용과 반대되는 내용이 뒤에 나올 때는 '못'이나 '안' 등의 부정을 나타내는 말과 함께 사용한다.**

예) 유미는 슬픈 영화를 **보고도** (유미는) 울지 **않았다**.

그는 그동안 바라던 일을 **성취하고도** 만족하지 **못했다**.

⊙ **'-고도 남다'의 형태로 쓰이면 '아주 충분히 그럴 수 있음'을 나타낸다.**

예) 지금 이 시간이면 여기에 **도착하고도 남았을** 시간이다.

이 정도 양이면 우리 네 식구가 충분히 **먹고도 남을** 양이다.

담백하다	참신하다	투명하다

연습

1. 알맞은 것을 골라 문장을 완성하십시오.

가지다	실패하다	저지르다	넘어지다	확인하다

1) 동생은 나에게 잘못을 ______________ 사과하지 않았다.

2) 부장님은 제품이 불량인 것을 직접 ______________ 믿지 못했다.

3) 그녀는 소개팅을 한 남자 앞에서 ______________ 안 아픈 척했다.

4) 삼촌은 두 번이나 사업에 ______________ 새로운 사업을 다시 시작했다.

5) 최고의 요리사는 어떤 재료를 ______________ 항상 우수한 요리를 만들 수 있다.

2. 다음 대화를 완성하십시오.

1) 가: 예매한 공연은 재미있게 봤어요?

나: 아니요. ______________ 일 때문에 못 봐서 속상해요.

2) 가: 너무 많이 먹었나? 집에 소화제 없어?

나: 저번에도 많이 먹어서 ______________ 또 과식을 했어?

3) 가: 그 친구가 이번에도 그럴 줄 몰랐어. 완전 배신당한 기분이야.

나: 친구에게 그렇게 ______________ 정신을 차리지 못했니?

4) 가: 오랜만에 시장에 나오니 활기차고 좋네요. 선생님도 시장에 자주 다니시나 봐요?

나: 네, 시장은 ______________ 재미있는 있는 곳이라 자주 다녀요.

5) 가: 유학 생활은 특히 음식에 적응하기가 힘들지요?

나: 맞아요. 특히 음식이 정말 ______________ 비쌌어요.

저지르다

3. 〈보기〉와 같이 문장을 만드십시오.

보기

우리 팀은 경기 내내 우세한 경기를 펼치다.
→ 우리 팀은 경기 내내 우세한 경기를 펼치고도 골을 넣지 못해 결국 패하고 말았다.

1) 유미는 과장님께 혼나다.

→ .

2) 두 번이나 빨래를 하다.

→ .

3) 두 사람은 자주 심하게 싸우다.

→ .

4) 어머니는 아이의 거짓말을 알다.

→ .

5) 졸업 증명서를 떼러 학교에 가지 않다.

→ .

4. 알맞은 것을 두 개 골라 문장을 완성하십시오.

멀다	길다	짧다	쉬다	가깝다
힘들다	기발하다	피곤하다	재미있다	독창적이다

1) 당신과 가장 가까운 사람은 누구신가요? 부모님, 남편, 아내, 친구, 연인? 바로 당신 옆에 있는 그 사람이 멀게만 느껴지신다면 이 책을 읽어 보세요. 사람들과의 사이, 그 사람의 생각을 알 수 있습니다.

2) 올해 80세가 되신 할아버지께서 내게 이야기를 해주셨다. 할아버지께서는 살아오신 시간을 되돌아 보니 인생이 ______________ 느껴지신다고 하셨다. 그러니 내가 하고 싶은 것을 하고 살라고 하셨다. 그러기 위해서는 우선 내가 하고 싶은 일을 찾아야 하는데…

3) 부장님 때문에 정말 짜증이 난다. 난 휴가도 연기하고 더운 사무실에서 일했는데 자기는 휴가로 일 주일째 ______________ 한다. 우리 부장님 때문에 스트레스가 더 생긴다.

4) 어제 본 영화는 내 인생에서 오랫동안 기억이 남을 것 같다. 배우들의 연기도 좋았지만 이야기 전개가 정말 ______________. 내 예상과는 전혀 다르게 흘러가는 이야기에 시간 가는 줄 몰랐다.

5) 5년이나 일한 직장을 그만두고 한 달 전부터 새 직장에 다니고 있다. 새 업무는 그동안 내가 했던 일과는 전혀 다른 일이다. 지인들은 내가 힘들까 봐 염려해 주었다. 하지만 새로운 일은 언제나 ______________.

더 생각해 보기

A/V-지만

A/V-(으)면서도

A/V-(으)ㄴ/는 데다가

A/V-기도 하고 A/V-기도 하다

A/V-(으)ㅁ에도 불구하고

8
명사화 표현

① A/V-(으)ㅁ

1 A/V-(으)ㅁ

시작하기 전에

- 가을 하늘의 맑음이 내 기분을 상쾌하게 하였다.
- 조사 결과를 통해 대부분의 대학생들이 취업 준비를 하고 있음을 알 수 있었다.

⋯› **동사나 형용사, '이다' 뒤에 붙어 앞에 나오는 말을 명사로 만들 때 사용한다.**

- 네가 이제는 우리 집의 **가장임**을 잊지 말아라.
- 어제 발표를 통해 발표 준비가 **부족했음**이 드러났다.
- 그녀는 부모님이 돌아가시고 나서야 부모님의 **소중함**을 느꼈다.
- 서비스 개선에 최선을 **다함**으로써 고객님의 성원에 보답하겠습니다.

가: 그만 자라. 네 눈에 '**피곤함**'이라고 쓰여 있다.

나: 미안. 어제 밤을 새워서 그래. 하던 거 계속하자.

⊙ **글을 쓸 때 더 자주 사용하며, 'A/V-(으)ㄴ/는 것'과 바꿔서 사용할 수도 있다.**

예) 세상을 살면서 돈이 많고 **적음**이 행복을 좌우하지 않는다.

세상을 살면서 돈이 많고 **적은 것**이 행복을 좌우하지 않는다.

⊙ **문장을 마칠 때 사용하면 어떤 사실이나 정보를 알려 주는 기능이 있다. 주로 안내문, 공고문, 사전 등에 많이 사용한다. 이 경우는 마침표를 사용하는 것이 원칙이나 생략이 가능하다.**

예) 지갑을 **찾음(.)**

잔디밭 출입을 **금함(.)**

위 사실과 **틀림없음(.)**

연습

1. 알맞은 것을 골라 문장을 완성하십시오.

오다	바라다	죄송하다	교수이다	솔직하다

1) 우리 모두 그 사람이 ______________ 을 알고 깜짝 놀랐다.

2) 왕명은 여자 친구의 ______________ 에 반해 결혼을 결심했다.

3) 선선한 바람을 맞으며 여름이 가고 가을이 ______________ 을 느꼈다.

4) 어머니께 온 문자는 '공항에 도착하는 대로 연락하기 ______________ '이었다.

5) 경기에 지자 그동안 우리를 위해 노력하신 감독님께 ______________ 을 느꼈다.

2. 알맞은 것을 골라 안내문을 완성하십시오.

반입을 금하다	오후에 개다	강아지를 찾다	안정을 취해야 하다	출발 시간이 지연되다

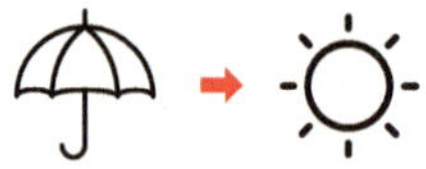

1) 오전까지 비가 오다 ______________

2) 외부 음식의 ______________

3) 이 환자는 ______________

4) 기상 악화로 ______________

5) 잃어버린 ______________

개다	취하다

3. 다음을 읽고 아래의 보고서를 완성하십시오.

춘곤증으로 나른해지는 봄날의 오후에는 껌을 씹어 보십시오. 껌 속 당분이 뇌 활동을 도와 졸음을 쫓아냅니다. 그리고 껌을 열심히 씹으면 저작근이 자극되고 뇌에 산소 공급이 원활해져서 집중하는 데 도움이 됩니다. 실제로 껌 씹기가 실제 뇌 활성화에 어떻게 도움이 되는지 알아보는 실험이 있었습니다.

일본의 한 연구소에서는 성인 남녀 100명을 대상으로 흥미로운 실험을 했습니다.

우선 껌을 씹지 않을 때와 껌을 씹을 때를 나누었습니다. 그리고 컴퓨터 모니터에 뜨는 화살표가 가리키는 방향을 왼쪽 또는 오른쪽 버튼을 눌러 표시하도록 했습니다.

실험 결과 껌을 씹고 있을 때 버튼을 누르는 속도와 정확도가 약 10% 높아진 것으로 나타났습니다. 또한 껌을 씹을 때의 뇌 상태를 자기공명촬영(MRI)으로 관찰한 결과 주의력에 관여된 뇌 부위가 활성화된 것으로 확인되었습니다.

졸음이 오고 집중력이 떨어졌다면 지금 바로 껌을 씹어 보세요!

▼

껌을 씹는 것이 집중력 향상에 미치는 실험

- 실험 대상: 성인 남녀 100명
- 실험 과정:
  1) 껌을 씹지 않을 때와 껌을 씹을 때로 ________.
  2) 컴퓨터 화면에 뜨는 화살의 방향을 왼쪽 또는 오른쪽 버튼을 눌러 ________.
  3) 껌을 씹을 때 뇌를 MRI로 ________.
- 실험 결과:
  4) 껌을 씹고 있을 때 버튼을 누르는 속도와 정확도가 약 10% ________.
  5) 껌을 씹을 때 주의력에 관여된 뇌 부위가 ________.

춘곤증	나른해지다	당분	저작근	자기공명촬영	주의력	관여되다

4. 다음은 성주와 유미의 제주도 여행 일정표입니다. '일정' 부분의 밑줄 친 부분을 참고해 〈여행 일정표〉를 완성하십시오.

날짜	일정	비용 및 비고
7/23	- 11시 김포 출발 - 12시 제주도 도착 (펜션까지 택시로 이동) - 1시 점심, 고기 국수 - 3시 제주도 녹차 밭 투어 : 녹차 아이스크림과 녹차 시식 - 7시 저녁, 흑돼지 삼겹살과 제주도 막걸리 - 9시 노래방 - 11시 취침	✓ 택시비 유미가 **냄** ✓ 점심 값은 회비로 지출 ✓ 부모님께 드릴 녹차를 1) ____________ ✓ 저녁 값은 할인 2) ____________ ✓ 노래방에서 30분 서비스 받음
7/24	- 5시 기상 - 6시 성산 일출봉 정상 오르기 · · ·	✓ 펜션 주인이 매표소까지 데려다 3) ____________ · · ·
7/25	· · · - 17시 출발 - 18시 김포 도착 - 20시 집 도착	· · · ✓ 유미와 같은 공항버스를 타고 감 ✓ 녹차 선물 받은 엄마가 4) ____________

더 생각해 보기

A/V-기

9

상황/기준 표현

① N치고 ②

② A/V-(으)ㅁ에 따라

1 N치고 ②

시작하기 전에

- 아이치고 아이스크림을 싫어하는 아이는 못 봤다.
- 그녀는 외국인치고 한국어를 잘하는 편이다.

1. 앞의 말이 예외가 없이 뒤의 내용과 같음을 나타낼 때 사용한다.
주로 부정문이 오거나 반어의 뜻을 가진 의문문이 오는 경우가 많다.

- 성공한 사람**치고** 게으른 사람은 없다.
- 그 사람 이야기**치고** 믿을 만한 거 봤어?
- 인스턴트 음식**치고** 건강에 좋은 것은 없다.

가: 남자 조카 생일 선물로 로봇 장난감이 괜찮을까요?

나: 남자 아이**치고** 로봇을 안 좋아하는 아이는 못 봤어요. 좋아할 거예요.

⊙ **의미를 강조하기 위해 뒤에 '-서'를 붙여 사용할 수 있다.**

예) 아이**치고서** 과자를 싫어하는 아이는 못 봤다.
인스턴트 음식**치고서** 건강에 좋은 것은 없다.

2. 앞의 말이 가지는 보통의 생각과 뒤의 내용이 조금 다르거나 예외적일 때 사용한다.
뒤에 '는'이 붙으면 강조하는 의미가 된다.

- 여름 날씨**치고** 선선하다.
- 그는 농구 선수**치고** 키가 작은 편이다.
- 피아노를 정식으로 배우지 않은 사람의 연주**치고는** 훌륭하다.

가: 저 사람이 진짜 은행원 맞아요?

나: 네, 맞아요. 그런데 은행원**치고는** 셈에 약하죠?

인스턴트	셈

연습

1. 알맞은 것을 골라 문장을 완성하십시오.

대학생	공포 영화	매운 음식	도서관	변호사

1) 그 사람은 ______________ 말주변이 없었다.

2) 시골의 작은 ______________ 소장된 도서가 많았다.

3) ______________ 위에 부담을 안 주는 음식은 없다.

4) 어제 본 영화는 ______________ 별로 무섭지 않았다.

5) 졸업을 앞둔 ______________ 학점을 신경 쓰지 않는 학생은 없을 것이다.

2. 〈보기〉와 같이 문장을 만드십시오.

> **보기** 아이를 좋아하는 사람들은 모두 심성이 좋다.
> → 아이를 좋아하는 사람치고 심성이 나쁜 사람은 없다.

1) 이 브랜드의 신발은 하나같이 다 비싸다.

→ ______________________________.

2) 그 사람 얘기는 모두 믿지 못하겠다.

→ ______________________________.

3) 서울 여행을 하는 사람은 명동에 꼭 간다.

→ ______________________________.

4) 우리 학교 학생들은 모두 김성주 선생님을 안다.

→ ______________________________.

5) 다른 사람을 무턱대고 욕하는 사람들 가운데 괜찮은 사람을 보지 못했다.

→ ______________________________.

말주변	소장	하나같이	무턱대고

3. 다음 대화를 완성하십시오.

1) 가: 왕명 씨네 집에 갔다 왔다면서요? 어때요?

나: 혼자 사는 　　　　　　　　　　 깔끔하게 사는 사람이 있나요?

방을 정리하지 않아서 매우 지저분하더라고요.

2) 가: 점심에 간 식당이 생각보다 맛이 없었죠?

나: 네, 소문난 　　　　　　　　　　 평범한 맛이었어요.

3) 가: 유미가 입사한 회사가 중소기업이라면서요? 괜찮은 회사인가요?

나: 연봉은 적지만 　　　　　　　　　　 복지 혜택이 좋은 회사야.

4) 가: 고향에 가서 엄마가 해 주신 음식 많이 먹었겠네. 좋았니?

나: 어, 엄마가 만든 　　　　　　　　　　 맛없는 게 없지.

오랜만에 맛있는 음식을 많이 먹었어.

5) 가: 새로 입사한 성주 씨는 실수가 많아서 같이 일하기 힘드네요.

나: 　　　　　　　　　　 일 잘하는 사람이 어디에 있어요? 잘 가르쳐 주세요.

4. 알맞은 것을 골라 글을 완성하십시오.

신인 선수	야구 선수	가족	경기

주말에 야구 선수인 형의 데뷔 경기에 다녀왔다. 요즘 야구의 인기가 하늘을 찌른다. 그래서 요즘 주말에는 관중이 항상 만원이어서 표를 구하기 어렵다고 한다. 하지만 다행히 우리 가족은 선수 가족석에서 경기를 볼 수 있었다. 형은 대학교 때 1) 　　　　　　　　　　 체격이 작았지만 타격이 좋아 팀의 중심 타자를 맡았다. 그래서 여러 프로팀에서 형을 눈여겨봤었다. 그런 형이 평소에 원하던 프로팀과 계약하고 오늘 프로 데뷔 경기를 했다. 2) 　　　　　　　　　　 첫 경기를 치를 때 떨지 않는 선수가 있을까? 멀리서 보이는 형의 얼굴은 잔뜩 긴장해 있었다. 가족 중 한 명이 운동선수라면 모두 공감할 것이다. 그가 경기를 할 때 3) 　　　　　　　　　　 떨리지 않는 가족은 없다는 것을. 우리 부모님과 나는 경기에 뛰는 형만큼 많이 긴장이 되었다. 하지만 첫 4) 　　　　　　　　　　 괜찮은 성적을 보여주었다. 4타수 3안타를 했고, 안정적인 수비를 선보였다. 첫 경기를 마친 형의 얼굴은 비로소 미소를 짓고 있었다.

중소기업	데뷔 경기	하늘을 찌르다	만원	타격	중심 타자	타수	안타

2 A/V-(으)ㅁ에 따라

시작하기 전에

- 다음 학기부터 등록금이 인상됨에 따라 학비 부담은 더 커졌다.
- 한국에 대한 관심이 높아짐에 따라 한국을 찾는 관광객이 늘었다.

앞의 내용의 상황이나 기준에 근거하여 뒤의 내용이 나타날 때 사용한다. 주로 글을 쓸 때 사용한다.

- 무더위가 **계속됨에 따라** 노약자들은 외출을 자제해야 한다.
- 집단 식중독이 **발생함에 따라** 보건 당국은 조사에 들어갔다.
- 김 선수는 연승 행진을 **이어감에 따라** 신인상 후보에 한 발 더 다가섰다.
- 평생 교육이 **확산됨에 따라** 성인을 대상으로 한 교육 기관들이 더 늘어갈 것으로 보인다.

가: 전자 제품을 많이 사용해서 생기는 문제는 뭐가 있나요?

나: 전자 제품을 많이 **사용함에 따라** 전자파 노출 문제가 생겨나기 시작했습니다.

연습

1. 알맞은 것을 골라 문장을 완성하십시오.

증가하다	취득하다	방영되다	중단하다	개통되다

1) 새로운 도로가 ____________ 출퇴근 시간이 대폭 줄어들 것으로 전망된다.

2) 전기 자동차 판매가 ____________ 전기 충전소도 많아질 것으로 예상된다.

3) 특허를 ____________ 제품 판매량이 크게 늘어날 것으로 회사 측은 기대했다.

4) 중국은 물론 아시아 전역에 ____________ 드라마의 인기가 계속될 것으로 보인다.

5) 공기업이 인턴 채용을 ____________ 다른 공공기관에서도 이러한 현상이 확산될 것으로 보인다.

확산되다	개통되다	특허	공기업	전역

2. 〈보기〉와 같이 연결하고 문장을 완성하십시오.

보기
계속 반대 의견을 제시하다 ——— 추가로 의견 수렴 절차를 밟기로 했다
계속 반대 의견을 제시함에 따라 추가로 의견 수렴 절차를 밟기로 했다.

1) 경기가 빠르게 회복되다 •		• 신기술은 더 늘어날 것으로 봤다
2) 주택 대출 조건이 강화되다 •		• 직접 야채를 기르는 사람들이 늘어났다
3) 건강한 먹거리에 관심이 높아지다 •		• 새 입학 규정 안내 교육을 실시했다
4) 바뀐 입학 규정이 신입생부터 적용되다 •		• 취업률이 증가하고 있는 추세이다
5) 앞으로도 기술 개발에 많은 돈을 투자하다 •		• 신규 주택 구입자가 줄어들 것이다

1) ______________________.
2) ______________________.
3) ______________________.
4) ______________________.
5) ______________________.

3. 알맞은 머리기사를 골라 〈보기〉처럼 신문 기사문을 완성하십시오.

보기
생활 수준 향상으로 건강에 대한 관심 높아
생활 수준이 향상됨에 따라 점점 건강을 생각하는 사람이 많아지고 있다. 회사원 이유미 씨(28)는 퇴근 후 집 앞 요가 학원으로 향한다. 이유미 씨는 작년 회사를 옮기면서 연봉이 많이 올랐다. 그리고 제일 먼저 한 일이 자신의 건강을 위해 요가 학원에 등록한 일이다.

다음 달부터 개인 정보 확인 절차 간소화하기로…

개인 정보 1) ______________________ 인터넷 쇼핑몰 이용자들이 이러한 정부의 결정을 크게 환영하고 있다. 정부는 다음 달부터 인터넷 쇼핑 결제 시 개인 정보 확인 절차를 대폭 줄일 방안을 발표했다.

강화되다	간소화하다	대폭

국내 생활용품 할인점 급성장세 이어가

장기 불황으로 소비자들이 가격에 민감해진 탓에 국내 생활용품 할인점 매출이 2조를 돌파했다. 국내 생활용품 할인점이 2) ______________ 연평균 매출 증가율이 20% 이상을 초과했다.

1인 가구 증가, 쌀 소비는 줄고 즉석 밥 판매량 늘어

3) ______________ 쌀 소비는 줄고 즉석 밥 판매량이 늘어났다. 한 대형 마트에 따르면 올해 1~8월 쌀 매출은 작년 같은 기간보다 14% 감소했다. 반면에 즉석 밥 매출은 같은 기간 17% 증가한 것으로 나타났다. 이는 식생활의 변화와 날로 늘어나는 1인 가구로 인한 것으로 조사됐다.

4. 알맞은 것을 골라 글을 완성하십시오.

늘어나다	사라지다	인하하다	가동하다

앞으로 더 이상 일반형 휴대 전화를 구경하기 힘들 듯

한 휴대 전화 제조 회사는 오늘 더 이상 일반형 휴대 전화를 생산하지 않겠다고 발표했다. 현재 우리가 사용하는 휴대 전화의 80%는 스마트폰으로 바뀌었다. 스마트폰이 처음 나왔을 때 일반형 휴대 전화의 가격을 인하한 적도 있었다. 가격을 1) ______________ 잠시 일반형 휴대 전화를 구매하는 사람들이 늘어났지만 스마트폰 사용자를 따라잡기에는 역부족이었다. 일반형 사용자가 점차 2) ______________ 제조 회사는 이와 같은 결정을 내린 것이다. 일반형 휴대 전화는 배터리가 오래 가고 손에 잡히는 작은 크기로 인기를 끌었다. 하지만 스마트폰의 크기도 작아지고 배터리 사용 시간도 3) ______________ 일반형 휴대 전화는 사람들이 더 이상 찾지 않게 되었다. 휴대 전화 제조 회사는 기존의 일반형 휴대 전화 생산 공장을 스마트폰 생산 공장으로 바꾸고 공장을 새롭게 가동할 것이라고 했다. 회사는 새로운 스마트폰 공장을 4) ______________ 지난해보다 2배 더 많은 스마트폰을 생산할 것으로 예상했다.

가동하다

10

순서 표현

① V-(으)ㄴ 다음에야

② V-고서

1 V-(으)ㄴ 다음에야

시작하기 전에

- 밥을 먹은 다음에야 이 약을 먹을 수 있다.
- 그곳은 이 회사의 직원이 아닌 다음에야 마음대로 들어갈 수 없다.

1. 앞의 어떤 일이나 행동이 완전히 끝난 후에 비로소 뒤의 일이나 행동이 가능할 때 사용한다.

- 아버지가 집에 **들어오신 다음에야** 비로소 어머니는 안심하셨다.
- 경비원에게 신분증을 **보여준 다음에야** 그 건물에 들어갈 수 있었다.
- 선생님의 설명을 다시 **들은 다음에야** 그 내용을 제대로 이해할 수 있었다.

가: 언제쯤 손가락을 제대로 쓸 수 있을까요?
나: 상처가 어느 정도 **아문 다음에야** 쓸 수 있을 겁니다.

2. 앞 내용과 같은 상태나 상황일 때는 뒤에 오는 내용이 있을 수 없는 일일 때 사용한다. '이다', '아니다'에 붙어 사용한다.

- 그가 **사람인 다음에야** 그런 못된 짓을 하겠습니까?
- 그 책은 그 분야를 전공한 사람이 **아닌 다음에야** 이해하기 어려운 책이다.
- 여자 친구가 헤어지려고 작정을 한 것이 **아닌 다음에야** 어떻게 그런 말을 할 수 있겠어요?

가: 제 친구는 가끔 자기 휴대 전화인 줄 알고 제 휴대 전화를 가져가요.
나: 에이 말도 안 돼. 정신이 없는 사람이 **아닌 다음에야** 어떻게 그런 짓을 하겠니?

비로소	아물다	전공하다	작정하다

연습

1. 알맞은 것을 골라 문장을 완성하십시오.

잡다	신다	마치다	확정되다	상황이 아니다

1) 아주 위급한 ________________ 교통 신호를 무시하고 달려가겠니?

2) 유미는 다음 날 발표 준비를 ________________ 겨우 잠자리에 들었다.

3) 다음 주 회의 날짜를 ________________ 회의를 끝내고 밥을 먹을 수 있었다.

4) 행사의 구체적인 날짜와 장소가 ________________ 비로소 행사 준비에 들어갔다.

5) 그 연구소는 신발을 벗고 준비된 슬리퍼로 갈아 ________________ 들어갈 수 있었다.

2. 다음 대화를 완성하십시오.

1) 가: 저 가게 물건이 이 가게보다 두 배나 비싼데요? 여기서 살 거죠?

나: 당연하죠. 바보가 ________________ 누가 물건 값을 두 배로 내겠어요?

2) 가: 정부에서 미리 챙기지 못하고 이제야 안전 규칙을 잘 지키는지 확인한다고 하네요.

나: 사람들도 늘 사고를 ________________ 정신을 차리는 것이 문제예요.

3) 가: 성주 엄마, 요 앞 마트에서 세일한다고 하네요. 언제 장 보러 갈까요?

나: 아이들을 학원에 ________________ 시간이 나니까 다섯 시에 가요.

4) 가: 요즘 왜 이렇게 늦게 들어오니? 성적이 ________________ 정신을 차리겠니?

나: 죄송해요. 친구들하고 농구하느라 시간 가는 줄 몰랐어요. 앞으로 일찍 들어올게요.

5) 가: 공연장은 언제쯤 들어갈 수 있을까요?

나: 한 시간가량 ________________ 공연장으로 들어갈 수 있을 거예요.

가량

3. 다음 대화문을 완성하십시오.

상담원: 무엇을 도와드릴까요?
고　객: 어제 마트에서 그 회사 제품 장난감 자동차를 구입했는데요.
작동이 되지 않아서요.
상담원: 제품명이 어떻게 되죠? 박스 옆쪽의 알파벳과 숫자로 된 것 불러 주세요.
고　객: RX-1003이라고 되어 있네요.
상담원: 어떻게 작동이 안 되시죠?
고　객: 배터리를 끼웠는데도 움직이지 않습니다.
상담원: 잠시만요 혹시 안전띠를 제거하셨나요?
그 제품은 먼저 안전띠를 1) ______________ 작동할 수 있습니다.
고　객: 안전띠가 있어요? 안전띠를 2) ______________ 작동할 수 있다는 말이에요?
상담원: 네, 그렇습니다. 안전띠를 뺀 후에 배터리를 끼우셔야 합니다.
안전띠는 배터리 끼우는 곳 아래 부분에 튀어나온 빨간색입니다.
찾으셨나요?
고　객: 네, 찾았습니다. 잠시만요.
음, 이건 기술자가 3) ______________ 뺄 수 없겠네요.
제가 하기에는 너무 복잡한데요.
상담원: 같이 들어 있는 도구를 이용하시면 빼기 쉽습니다.
고　객: 아, 이거였군요. 이게 뭔가 했는데…
상담원: 더 궁금하신 것은 없으신가요?
고　객: 네, 없습니다. 감사합니다.
상담원: 감사합니다. 오늘도 좋은 하루 보내세요.

더 생각해 보기

V-고
V-고서
V-다가
V-자
V-자마자

2 V-고서

시작하기 전에

- 그는 저녁을 먹고서 잠시 쉬었다.
- 형은 전화를 받고서 밖으로 나갔다.

1. 앞의 일이나 행동이 먼저 일어나고 뒤의 일이나 행동이 나타날 때 사용한다. 앞의 동작이 유지되면서 다음 동작이 진행됨을 나타내는 경우도 있다.

- 수영할 때는 준비 운동을 **하고서** 물에 들어가야 한다.
- 안개 때문에 고속도로에서 큰 사고가 났다는 소리를 **듣고서** 친구에게 전화했다.
- 운전면허증을 찾자마자 어머니 자동차를 **몰고서** 시내에 있는 큰 마트로 나갔다.

가: 어제 왜 갑자기 화를 낸 거야?

나: 미안해. 어제 언니에게 별것도 아닌 일로 화를 **내고서** 후회했어.

2. 앞의 행동이 뒤의 행동의 조건이 될 때 사용한다. '아니다'에 붙여 쓸 수 있으며, 주로 '-고서 -을 수 없다', '-고서 -겠니?', '-고서 -겠어?'로 쓴다.

- 손을 더럽히지 **않고서** 청소를 끝낼 수 없다.
- 바보가 **아니고서** 어떻게 그런 말을 할 수 있겠어?

가: 그래 **가지고서** 오늘 안에 정상에 도착할 수 있겠어?

나: 그럼 슬슬 속도 좀 내 볼까?

3. 앞의 내용과 뒤의 내용이 서로 반대되는 사실일 때 사용한다.

- 성주는 그 사실을 **알고서** 우리에게는 모르는 체했다.
- 형은 경주에 가 보지도 **않고서** 마치 가 본 것처럼 말했다.
- 그는 백화점에서 옷을 **사고서** 백화점에서는 사지 않았다고 했다.

가: 저희끼리 한 이야기를 어떻게 들었어요?

나: 나는 듣지 **않고서** 아는 수가 있어.

슬슬

연습

1. 〈보기〉와 같이 연결하고 문장을 완성하십시오.

보기 택배를 받다 ———— 외출할 것이다
택배를 받고서 외출할 것이다.

1) 약을 먹다 • • 그 과제를 끝낼 수 없다

2) 중요한 회의가 있어 양복을 입다 • • 안 마신 척하다

3) 동생은 내 주스를 마시다 • • 사람이 달라졌다는 소문이 돌다

4) 밤을 새우지 않다 • • 감기가 낫다

5) 그녀는 진급을 하다 • • 회사에 출근하다

1) .

2) .

3) .

4) .

5) .

2. 다음 대화를 완성하십시오.

1) 가: 그 사람 방금까지 여기 있었는데 어디로 갔죠?

나: 그냥 말도 없이 자동차를 급하게 가 버렸어요.

진급

2) 가: 봉사 활동을 하려면 특별한 마음이 있어야 할 것 같아요.

나: 맞아요. 봉사 활동은 어려운 이웃에 대한 배려와 이해심이 ________________ 힘든 일이죠.

3) 가: 박 부장님께 무슨 일 있어요?

아까 사무실 앞에서 저를 ________________ 아는 척도 하지 않고 뛰어가더라고요.

나: 크게 다치지는 않았지만 아드님이 교통사고를 당했다고 하네요.

4) 가: 주말에 미술 전시회에 가려는데 예매해야 할까요?

나: 예매하지 않아도 괜찮을 거예요.

제 친구가 지난주에 갔다 왔는데 ________________ 봤다고 하던데요.

5) 가: 엄마 언제 저녁 먹어요? 배가 너무 고픈데.

나: 조금만 참아. 김치 담그는 것을 ________________ 저녁 차려 줄게.

3. 아래 제품의 주의 사항을 읽고 사용 방법을 완성하십시오.

〈분수 폭죽 세트〉

※ 주의 사항

1. 주의 사항과 사용 방법을 숙지하고서 사용하십시오.
2. 사람이나 동물을 향하여 절대 사용하지 마십시오.
   화상이나 시력 손상의 위험이 있습니다.
3. 제품을 사용하기 전 주위에 가연성 물질이 있는지를 확인하고 사용하십시오.
4. 절대 손에 들고서 사용하지 마십시오. 땅에 고정하여 사용하십시오.
5. 점화한 후 발사통 속을 절대 들여다보지 마십시오.
6. 만 14세 미만의 어린이는 보호자의 지도하에 사용하십시오.
7. 제품을 분해하거나 재포장하는 등의 변형을 하지 마십시오.
8. 사용 후 불씨가 완전히 꺼진 것을 확인한 뒤 지정된 곳에 버리십시오.

※ 사용 방법

1. 반드시 실외에서 사용하고 주위에 가연성 물질이 없는 것을 1) ________________
   사용하십시오.
2. 제품을 지면에 단단히 2) ________________ 측면에서 점화하십시오.
3. 바람을 등지고 불을 붙이십시오.
4. 불씨를 제대로 3) ________________ 쓰레기통에 버릴 경우 화재의 원인이 되므로 불씨가 완전히 꺼진 것을 확인하십시오.

더 생각해 보기

V-고

V-고 나서

V-(으)ㄴ/는 다음에

숙지하다	가연성	점화하다	불씨	측면

11

원인 · 이유 표현

① A-(으)니만큼 // V-느니만큼

② A/V-기에/길래

1 A-(으)니만큼 // V-느니만큼

시작하기 전에

■ 부모님의 기대가 크니만큼 유학 생활에 최선을 다해야겠다.
■ 그 선수가 평소에 열심히 연습하느니만큼 이번 대회에서 좋은 성적을 거둘 것이라 예상된다.

1. 앞에 나타난 상황을 인정하며 그 내용이 뒤 상황의 원인이나 근거가 됨을 나타낸다.

- 숙박에 돈을 많이 **지불하느니만큼** 시설이 쾌적한 곳이었으면 좋겠다.
- 세계적으로 인권 운동에 관심이 **뜨거우니만큼** 이번 사건도 잘 해결되길 바란다.
- 그 지역은 지진이 자주 **일어나느니만큼** 철저히 재난 상황에 대비해서 가야 한다.
- 우리 회사는 여직원의 비율이 **높으니만큼** 출산과 육아 관련 복지 제도가 잘 구성되어 있다.

가: 마리아 씨, 요즘 얼굴이 안 좋아 보여요. 무슨 일이 있어요?
나: 연말이 **가까우니만큼** 각종 송년회가 많아서 푹 쉬지 못해서 그런가 봐요.

2. 명사의 경우 'N(이)니만큼'의 형태로 사용한다.

- 그 사항은 대통령의 주요 **공약이니만큼** 꼭 실현되었으면 하는 바람이다.
- 다음 주는 10년 만의 **황금연휴니만큼** 공항을 이용하는 사람들이 가장 많을 것이다.
- 마리아 씨도 오랜만의 **휴가니만큼** 충분한 휴식을 취하고 충전해서 돌아왔으면 좋겠다.
- 이번 행사는 우리 백화점의 최대 **행사니만큼** 많은 소비자들의 관심을 끌 수 있도록 홍보에 최선을 다할 계획이다.

가: 앤디 씨는 올해 무엇을 하고 싶어요?
나: 저는 아직 **학생이니만큼** 다른 것보다 학업에 더 충실하고 싶어요.

쾌적하다	재난	송년회

⊙ **과거 시제는 동사와 형용사 모두 'A/V-았/었으니만큼'의 형태로 사용한다.**

- 남들보다 일찍 **준비했으니만큼** 원하는 회사에 취직할 수 있었다.
- 한국에서 10년 넘게 **지냈으니만큼** 이제 제2의 고향 같은 느낌이다.
- 왕명 씨가 결혼식이 얼마 남지 **않았으니만큼** 준비할 게 많을 것이다.

⊙ **명사가 뜻하는 것을 강조하기 위해 'N이/가 N이니만큼'과 같이 명사를 두 번씩 반복하여 사용하는 경우도 있다.**

- 카일 씨는 **직업이 직업이니만큼** 자주 해외 출장을 가게 되는 것 같아요.
- 아무리 가벼운 수술이라고 해도 **수술이 수술이니만큼** 마음이 무거워졌다.

가: 진나 씨, 오늘따라 유난히 경기장에 관중이 많은 것 같지 않아요?

나: 오늘이 마지막 경기잖아요. **경기가 경기니만큼** 사람들의 관심이 많이 몰린 것 같아요.

연습

1. 알맞은 것을 골라 문장을 완성하십시오.

공공 기관	예상되다	건조하다	등록금	힘들다

1) 앞으로 물가 상승이 ______________ 절약하며 생활하는 습관을 가지는 것이 좋다.

2) 모든 사람들이 이용하는 ______________ 조금씩 양보하며 깨끗하게 사용해야 한다.

3) 요즘 날씨가 ______________ 산불이 발생하기 쉬우니 등산객들은 유의하시기 바랍니다.

4) 그 문제는 단기간에 해결하기 ______________ 여러 방면에서 해결책을 모색해 보는 것이 좋다.

5) 대학생들의 경제적 부담의 원인이 값비싼 ______________ 등록금 인상을 최소화하기 위해 노력할 것입니다.

건조하다	인상	모색하다

2. 다음 대화를 완성하십시오.

1) 가: 유진 씨, 한국에서 가 볼 만한 곳을 추천해 주시겠어요?

나: 경주는 세계적인 문화재가 많이 보존된 ________________ 관광객이라면 꼭 한번 가볼 만해요.

2) 가: 안나 씨가 이번 시험에 합격할 수 있을까요?

나: 그럼요. 안나 씨가 그동안 열심히 ________________ 좋은 성적으로 합격할 것 같아요.

3) 가: 그 식당은 인기가 좋은 것 같아요. 항상 손님들이 길게 줄을 서고 있어요.

나: 맞아요. 음식이 ________________ SNS를 통해 소문이 많이 났다고 들었어요.

4) 가: 저 선수는 정말 대단해요. 키가 작은데도 불구하고 항상 1등이네요.

나: 남들보다 키가 ________________ 두 배로 노력한다고 들었어요.

5) 가: 이 제품은 왜 다른 제품보다 가격이 월등히 비싼가요?

나: 이 제품은 ________________ 가격은 다소 비싸지만, 여러 가지 기능도 많아서 사람들에게 인기가 많아요.

3. 다음 기사를 읽고 기사문의 주제문을 만드십시오.

최근 5년 사이에 반려동물을 키우는 사람들이 급격히 증가하면서 반려동물 인구가 드디어 1,000만을 넘기게 되었다. 반려동물 애호가들이 늘어났음에도 불구하고 아직은 동물을 학대하거나 무분별하게 취급하는 사람들이 적지 않은 것으로 파악된다. 이를 위해 생명 존중에 대한 교육을 정기적으로 실시해야 한다는 전망이 제기되었다.

⋯→ 반려동물을 키우는 사람들이 ________________ 생명 존중에 대한 교육도 이루어져야 한다.

보존되다	월등하다	반려동물	애호가

4. 다음 문자 메시지를 완성하십시오.

1)

가: 이번 방학에 무엇을 하면 좋을지 고민이야.
무엇을 하면 좋을까?

나: 글쎄, 내년이면 졸업이니 대학생으로서는 마지막 ______________
길게 여행을 가거나 그동안 하고 싶었던 일을 하면 좋을 것 같아.

2)

가: 지난주에 본 회사 면접 결과가 내일 발표 나는데 너무 떨려.

나: 걱정하지 마. 열심히 ______________ 분명히 합격할 거야.

더 생각해 보기

A/V-는 만큼

A/V-(으)니까

A/V-(으)느니만치

2 A/V-기에/길래

시작하기 전에

- 날씨가 덥기에 여름휴가를 가기 위해 공항을 이용하는 관광객들이 증가했다.
- 불우이웃을 위한 모금 활동에 사람들이 적극적으로 참여했기에 작년보다 훨씬 많은 액수의 금액을 모을 수 있었다.

1. 앞의 내용이 뒤에 나타나는 상황이나 행동의 원인이나 근거가 됨을 나타낸다.
'A/V-기에'는 주로 글을 쓸 때 사용하며, 말할 때는 'A/V-길래'의 형태로 사용한다.

- 에너지 음료는 커피 못지않게 카페인 함유량이 **높기에** 어린이들에게 권하지 않는다.
- 아이들이 좋아하는 음식만 **편식하기에** 맛있으면서도 영양가 높은 음식을 개발하게 되었다.
- 그 책은 한국에 처음 온 외국인에게 필요한 여러 가지 항목에 대해 **설명하고 있기에** 외국인 관광객들에게 추천할 만하다.
- 올림픽에서 뛰어난 성적을 거둔 한국 대표 팀은 그동안 바쁜 일정 탓에 **쉬지 못하였기에** 당분간 휴식을 취할 것으로 알려졌다.

가: 마이클 씨, 이게 다 뭐예요?
나: 집에 오다가 맛있어 **보이길래** 같이 먹으려고 사 왔어요.

가: 진나 씨, 오늘 왜 택시를 타고 왔어요?
나: 차가 고장이 **났길래** 택시를 탔어요.

⊙ **평서문이나 의문문에 사용하며, 의문문을 만들 때는 '언제, 어디서, 누구, 무슨, 무엇, 어떻게, 얼마나, 어떤' 등이 앞 문장에 반드시 있어야 한다. 그리고 뒤에 명령이나 청유를 나타내는 문장은 사용할 수 없다.**

- 어제는 **누구를 만났길래** 그렇게 늦게 온 거야?
- 쉬는 시간에 **무슨 일이 있었길래** 얼굴이 그 모양이니?
- 도대체 **어떤 문제가 나왔기에** 정답을 맞힌 사람이 없어요?
- 날씨가 **덥기에** 창문을 열자. (×)
- 배가 **고프기에** 저녁을 먹으러 가자. (×)

불우이웃	함유량

연습

1. 〈보기〉와 같이 연결하고 문장을 완성하십시오.

> **보기** 아침부터 날씨가 흐리다 ——— 우산을 가지고 나오다
> 아침부터 날씨가 흐리기에 우산을 가지고 나왔다.

1) TV에서 견과류가 치매 예방에 좋다 •	• 회사는 소송을 할 예정이다
2) 내일부터 여름 방학이다 •	• 친구가 나를 알아볼지 모르다
3) 만난 지 10년이 지나다 •	• 부모님이 계신 고향에 다녀오다
4) 계단에서 발을 헛디뎌 발목을 삐끗하다 •	• 할머니께 자주 사다 드리다
5) 그 신문사에서 허위 사실을 유포하다 •	• 병원에 가다

1) ______________________________.

2) ______________________________.

3) ______________________________.

4) ______________________________.

5) ______________________________.

2. 다음 대화를 완성하십시오.

1) 가: 마이클 씨, 오늘 비도 안 오는데 왜 우산을 들고 왔어요?

나: 어제 일기예보에서 ______________ 우산을 들고 나왔는데, 화창하기만 하네요.

견과류	헛디디다	삐끗하다	허위	유포하다

2) 가: 진나 씨, 운동을 새로 시작하고 싶은데, 무엇이 좋을까요?

나: 요즘 사람들 사이에서 요가의 　　　　　　　　　　 저도 이번 달부터 요가 학원에 등록했어요. 저랑 같이 할래요?

3) 가: 앤디 씨, 아침에 왜 헐레벌떡 뛰어 왔어요?

나: 룸메이트가 알람을 듣고도 　　　　　　　　　　 깨워 주다가 저도 늦을 뻔했어요.

4) 가: 마리아 씨, 30분 정도 늦게 온다더니 생각보다 일찍 도착했네요.

나: 네, 　　　　　　　　　　 오늘은 지하철 대신 택시를 타고 왔어요.

5) 가: 제니 씨가 오늘 　　　　　　　　　　 저렇게 예쁘게 입고 왔을까요?

나: 아마 며칠 전부터 기대하던 소개팅을 하는 것 같아요.

3. 알맞은 것을 골라 인터뷰를 완성하십시오.

주다	이루다	도와주다

아나운서: 오늘은 시청자들이 뽑아주신 '올해의 선수' 김연경 씨를 만나보겠습니다. 안녕하세요, 김연경 씨.

김 연 경: 안녕하세요? 김연경입니다.

아나운서: 올해 수많은 경기에서 세계 기록을 달성했는데요. 그 비결이 무엇인가요?

김 연 경: 제 생각에는 주변의 모든 분들이 여러모로 1) ______________ 이룰 수 있었던 것 같습니다.

아나운서: 역시 그렇군요. 시청자들의 응원도 큰 힘이 되었겠지요?

김 연 경: 네, 그렇습니다. 제가 힘들 때마다 항상 용기를 2) ______________ 포기하지 않을 수 있었습니다.

아나운서: 올해 많은 목표를 달성하셨는데요. 김연경 선수가 이루고 싶은 다음 목표는 무엇일까요?

김 연 경: 네, 사실 어린 시절에 세웠던 목표를 모두 3) ______________ 잠시 슬럼프가 있기도 했습니다. 하지만 앞으로는 더 많은 나라에 배구의 즐거움을 알리고 싶습니다.

4. 다음을 읽고 중심 내용을 쓰십시오.

1)

가족들이 함께 즐거운 시간을 보내야 하는 명절에 오히려 갈등이 더 많은 것으로 조사되었다. 지난해 하루 평균 300여 건의 이혼 신청이 접수된 반면에 명절 직후 10일간은 500여 건의 신청이 접수된 것으로 밝혀졌다. 시댁과 친정의 방문 문제, 차례나 제사 문제, 가족들 간의 여러 문제로 인해 부부 싸움이 급증한 것으로 보인다.

···› 명절 직후에는 평소보다 ______________ 이혼 신청이 더 높은 것으로 나타난다.

달성하다 슬럼프

2)

학우 여러분께 건의합니다!

저는 도서관 휴게실을 자주 이용하는데 갈 때마다 의자나 탁자 위에 남겨진 쓰레기들을 자주 봅니다. 무심코 한두 명이 두고 간 커피잔이나 물병이지만, 자꾸 쌓이다 보면 치우시는 아주머니도 힘드시고 휴게실도 금방 더러워지기 쉽습니다. 여러 사람이 같이 사용하는 시설이니까 깨끗하게 사용하면 좋겠습니다.

⋯› 도서관 휴게실은 여러 사람이 함께 ____________ 서로 신경 써서 깨끗하게 사용했으면 좋겠다.

더 생각해 보기

A/V-아/어서

A/V-<u>으므로</u>

12

유사 표현

① A-(으)ㄴ 듯이 // V-는 듯이

1 A-(으)ㄴ 듯이 // V-는 듯이

시작하기 전에

- 부모님은 결혼한 지 30년이 넘어도 여전히 **연애하는 듯이** 지내신다.
- 연휴라서 그런지 서울 시내가 아무도 **없는 듯이** 조용하다.

⋯› 뒤에 나타난 상황을 나타낼 때 앞에 나타난 상태나 동작과 유사하거나 그것과 비슷하다고 생각할 때 사용한다.

- 10년 만에 만난 친구가 나를 처음 **만나는 듯이** 대해서 조금 섭섭하다.
- 제인 씨가 이번에는 그 습관에서 **벗어나는 듯이** 보였는데, 결국 실패했다.
- 해돋이를 보러 가니 하늘과 바다가 **맞닿은 듯이** 펼쳐져 있어서 너무 멋있었다.

가: 아주머니, 이 보쌈은 된장이 들어가서 더 냄새가 안 나는 것 같아요.
나: 어떻게 알았니? 미치 조리법을 **아는 듯이** 정확하게 말해서 깜짝 놀랐네.

⊙ 추측이나 가정을 나타낼 때는 'V-(으)ㄹ 듯이'의 형태로 사용할 수 있으나, 형용사는 사용하지 않는다.

- 오늘은 하루 종일 비가 **올 듯이** 날이 흐리다.
- 그녀는 당장이라도 회사를 **그만둘 듯이** 책상을 정리했다.
- 앤디 씨가 원하던 대학의 합격 소식을 듣고 **뛸 듯이** 기뻐했다.
- 어제까지 이가 **빠질 듯이** 아팠는데, 병원에 다녀오니 괜찮아졌다.

⊙ 앞에 나오는 내용과 뒤에 나오는 내용의 주어가 같아야 하며, 뒤에 나오는 주어는 주로 생략한다.

- 어제 야근을 한 김 대리가 **피곤한 듯이** (김 대리가) 계속 하품을 했다.
- 자다가 눈을 뜬 아기가 이리저리 **신기한 듯이** (아기가) 모든 사람을 쳐다봤다.

섭섭하다	맞닿다

⊙ **다음과 같은 표현은 관용적으로 사용한다.**

• 날개가 돋친 듯이 잘 팔리다.	• 별이 쏟아질 듯이 많다.
• 잡아먹을 듯이 노려보다.	• 죽은 듯이 누워 있다.
• 죽일 듯이 달려오다.	• 쥐 죽은 듯이 조용하다.
• 판에 박은 듯이 닮았다.	• 하늘을 찌를 듯이 높다.
• 날아갈 듯이 가볍다.	• 찌는 듯이 덥다.

연습

1. 알맞은 것을 골라 문장을 완성하십시오.

알다　　날아가다　　졸리다　　만나다　　부상을 입다

1) 드디어 모든 시험이 끝나니 마음이 ______________ 가벼워졌다.

2) 지난번 경기에서의 실수를 만회하기 위해 김 선수는 마치 ______________ 경기장을 뛰어다녔다.

3) 동창회에서 오랜만에 친구들을 만나니 처음 ______________ 어색했지만 금방 어울리며 친해졌다.

4) 발표자가 예정된 발표 시간을 훌쩍 넘기며 계속 이야기를 하자 관객들이 ______________ 계속 하품을 했다.

5) 이번 학기 등록금이 부족해서 걱정했는데, 사장님이 내 사정을 ______________ 아르바이트비를 먼저 주셨다.

노려보다　　만회하다

2. 다음 대화를 완성하십시오.

1) 가: 사오리 씨, 어제 고향 친구는 잘 만났어요? 오랜만에 만나니 어땠어요?

나: 오랜만에 만났는데도 어제 　　　　　　　　　　 편하고 좋았어요.

2) 가: 앤디 씨, 그 교수님 수업은 어때요?

나: 저는 너무 어려워서 잘 이해를 못 했어요. 수업 시간에는 　　　　　　　　　　 고개만 끄덕이고 있었어요.

3) 가: 수지 씨가 복권이라도 　　　　　　　　　　 돈을 펑펑 써요.

나: 정말요? 어제 첫 월급을 받았다고 좋아했는데, 벌써 걱정이네요.

4) 가: 투니 씨, 아직 행사장에 아무도 안 온 것 같아요.

나: 그러게요. 정말 아무도 없는지 　　　　　　　　　　 조용해요.

5) 가: 줄리아 씨에게 무슨 일이 있어요?

나: 저도 잘 모르겠어요. 오늘 수업이 끝나자마자 급한 일이 　　　　　　　　　　 집에 갔어요.

3. 다음 기사를 읽고 대화를 완성하십시오.

내일 날씨에 대해서 말씀드리겠습니다. 내일 오전부터 차차 흐려지다가 오후에는 전국적으로 비가 올 예정입니다. 남부 지방부터 시작한 비가 점차 중부와 영동 지방까지 확대될 것으로 보입니다. 적게는 5mm에서부터 많게는 30mm까지 오는 지역도 있을 것입니다. 하지만 대부분 오늘 밤이면 그칠 것이며, 모레 아침에는 맑은 날씨를 되찾겠습니다.

▼

마리아: 어제 일기예보 봤어? 오늘 비가 많이 온다고 했다면서?

토　니: 맞아. 지금 하늘을 보니까 금방이라도 비가 1) 　　　　　　　　　　 어두워.

마리아: 정말 속상해. 한 달 전부터 기대해 온 소풍인데.

토　니: 그러게. 소풍 간다고 우리 모두 2) 　　　　　　　　　　 좋아했었는데. 하지만 내일부터는 맑다고 했으니 내일 가면 되지.

복권

4. 알맞은 것을 골라 편지를 완성하십시오.

쏟아지다	맞닿다	눈에 보이다

다니엘에게

다니엘, 안녕? 나 왕명이야.

방학은 잘 보내고 있어? 나는 벌써 부산에 온 지 일주일이나 됐어.

이번 방학 동안 부산에 있는 친구네 집에서 지내면서 여기저기를 여행하게 되었어.

어제는 경주에 다녀왔는데 정말 아름다웠어. 밤에는 하늘에 별이 1) ______________ 보여서 깜짝 놀랐어.

친구네 집에서는 바다가 보이는데, 바다가 정말 파랗고 예뻐. 아침에 일어나자마자 보면 마치 하늘과 바다가 2) ______________ 보이기도 해.

방학이 곧 끝나서 너무 아쉬워. 돌아가면 내가 부산의 아름다운 경치에 대해 눈에 3) ______________ 생생하게 이야기해 줄게.

곧 만나. 안녕.

X월 X일

– 왕명 –

더 생각해 보기

A/V-(으)ㄴ/는 것 같다

생생하다

13

의도 표현

① V-ㄴ/는다는 것이
② V-(으)려다가

1 V-ㄴ/는다는 것이

시작하기 전에

- 친구에게 전화를 한다는 것이 버튼을 잘못 눌러서 선생님께 전화를 걸었다.
- 음식이 조금 싱거운 것 같아서 소금을 넣는다는 것이 설탕을 넣고 말았다.

⋯› **앞에서 의도한 행위와는 다른 결과가 뒤에 나타날 때 사용한다.**

- 어머니를 **도와드린다는 것이** 오히려 내가 더 일을 만들고 말았다.
- 비가 와서 우산을 **챙긴다는 것이** 잘못해서 양산을 가지고 와 버렸다.
- 술이 너무 독한 것 같아서 물을 **마신다는 것이** 친구의 술까지 마셔 버렸다.
- 출장을 갔다가 집에 돌아가는 버스를 **탄다는 것이** 회사에 가는 버스를 타고 말았다.

가: 왕명 씨, 어제 시험공부는 많이 했어요?

나: 아니요. 잠깐 집에 가서 낮잠을 **잔다는 것이** 아침까지 푹 자고 말았어요.

⊙ **앞과 뒤의 주어가 같아야 하며 주로 뒤의 주어는 생략한다. 또한 대부분 사람을 나타내는 주어로 사용한다.**

- 제가 어젯밤에 선풍기를 끄고 **잔다는 것이** (제가) 켜 놓아서 감기에 걸리고 말았어요.
- 앤디 씨가 9시 표를 **예매한다는 것이** (앤디 씨가) 8시 표를 예매해서 비행기를 놓치고 말았대요.

⊙ **주로 말할 때 많이 사용한다.**

- 마리아 씨가 부탁한 케이크를 **사 온다는 것이** 제가 먹고 싶은 빵만 사 왔네요.
- 동생이 TV를 켜서 뉴스를 **본다는 것이** 드라마가 재미있어서 계속 보고 있어요.

가: 제인 씨, 아까 학교에 간다고 하지 않았어요? 왜 집에 다시 왔어요?

나: 오늘 시험이라서 수험표를 **가져간다는 것이** 깜박하고 그냥 나와서요.

양산	독하다	수험표

⊙ **화자의 의도를 의미하기 때문에 부정적인 표현을 나타낼 때는 능력을 부정하는 '못'과는 사용하지 않고, 화자의 의향을 나타내는 '안'과 함께 사용한다.**

가: 선생님, 죄송해요. 밤늦게 전화를 안 **드린다는 것이** 과제가 무엇인지 궁금해서 전화드렸어요.
나: 괜찮아요. 다음부터는 밤 10시 이후에는 문자로 연락주세요.

가: 제가 오늘은 지각 안 **한다는 것이** 교통사고가 나서 늦고 말았어요.
나: 괜찮아요. 그런 일은 어쩔 수 없지요.

⊙ **이미 일어난 상황을 나타내는 경우가 많으므로 주로 뒤의 상황은 과거형으로 나타낸다. 명령문이나 청유문으로는 사용하지 않는다.**

- 목요일까지 프레젠테이션을 **준비한다는 것이** 금요일까지인 것으로 착각했네요.
- 오늘까지 비자를 **연장한다는 것이** 깜박해서 출입국사무소에 마감 후에 도착했어요.

연습

1. 〈보기〉와 같이 연결하고 문장을 완성하십시오.

보기
에어컨을 켜다 ——— 난방기를 켜다
에어컨을 켠다는 것이 난방기를 켰다.

1) 커피숍에서 커피를 주문하다	•	•	이야기를 하다가 화가 나서 더 싸우고 말다
2) 어젯밤에 택시 요금으로 5,000원을 내다	•	•	그만 주스를 주문하고 말다
3) 친구에게 사과하다	•	•	어두워서 50,000원을 내다
4) 바자회에 필요 없는 물건을 내다	•	•	좋아하는 배우 관련 기사만 보다
5) 인터넷으로 과제에 필요한 자료를 찾다	•	•	남자 친구가 선물한 옷을 내고 말다

마감 바자회

1) .

2) .

3) .

4) .

5) .

2. 다음 대화를 완성하십시오.

1) 가: 줄리아 씨, 라면은 다 끓였나요? 배가 고파 죽겠어요.

나: 어머! 라면을 물만 끓이고 있었네요. 미안해요. 잠깐만 기다려 주세요.

2) 가: 부장님, 오늘부터 휴가인데 무슨 일로 전화를 하셨어요?

나: 미안하네. 김 대리에게 이 대리에게 하고 말았네. 즐거운 휴가 보내고 와.

3) 가: 진나 씨, 이 비빔밥이 맛이 좀 이상하지 않아요?

나: 어머, 제가 고추장을 케첩을 넣었네요. 미안해요. 다시 만들어 드릴게요.

4) 가: 영수야, 엄마가 부탁한 두부는 사 왔니?

나: 앗! 죄송해요. 오다가 마트에 깜박하고 그냥 왔네요. 얼른 다녀올게요.

5) 가: 어제 회의가 밤 9시 넘어서 끝났다고 들었어요. 피곤하겠어요.

나: 네, 서로 의견을 듣고 상대방을 비난만 하다가 결론을 못 내렸어요.

비난

3. 다음을 읽고 일기를 완성하십시오.

X월 X일 날씨: 소나기 후 갬.

오늘은 드디어 고향에서 부모님이 한국으로 여행을 오시는 날이다. 며칠 전부터 들떠서 이것저것 준비를 하느라 어젯밤에도 잠을 제대로 자지 못했다. 일찍 1) _______________ 다른 날보다 더 늦게 일어나 공항에 늦게 나갔다. 다행히 공항 직원의 도움으로 부모님과 무사히 만날 수 있었다.

부모님께서 편안하게 여행하실 수 있도록 멋진 계획을 세워놨는데 경복궁에 도착하자마자 소나기가 내렸다. 어제 일기예보를 보고 우산을 2) _______________ 아침에 서두르다 보니 현관에 놓고 나왔다. 소나기를 피한 후에 점심을 먹으러 근처 유명한 맛집에 갔는데 점심을 3) _______________ 실수로 저녁을 예약해 놓았던 것이다. 당황스러워서 말도 제대로 나오지 않았다. 그래도 다행히 자리가 나서 점심을 먹을 수 있었다. 갈비찜과 잡채를 주문했는데 순한 맛을 4) _______________ 매운맛 갈비찜을 주문해 버려서 매운 음식을 못 드시는 부모님께서 고생하셨다. 오늘은 이상하게 처음에 계획했던 대로 되지 않았던 날이라 더 피곤했다.

4. 다음을 읽고 대화를 완성하십시오.

왕명은 오늘 마리아와 함께 '경복궁 야간 개장'에 같이 가기로 했다. 수업이 끝나고 지하철을 탈까 했지만 여러 번 갈아타는 지하철보다 빨리 갈 수 있는 버스를 타기로 했다. 하지만 퇴근 시간이 겹쳐서 생각보다 길이 많이 막혔다. 마리아에게 늦는다고 전화를 하려고 휴대폰을 꺼냈는데 배터리가 없어서 당황했다. 가는 내내 마음을 졸이다가 겨우 경복궁 앞에 도착했다.

▼

마리아: 도대체 지금이 몇 시야? 한 시간이나 기다렸잖아.

왕 명: 미안해. 지하철을 탄다는 것이 빨리 오려고 버스를 탔다가 길이 너무 막혔어.

마리아: 그러면 문자나 전화를 했어야지.

왕 명: 정말 미안해. 전화를 _______________ 배터리가 없어서 전화를 못했어.

마리아: 무슨 일이 있는 줄 알고 걱정했잖아. 그나저나 계속 서서 기다렸더니 배도 고프고 다리도 아파.

왕 명: 내가 맛있는 저녁 사 줄게. 어서 먹고 경복궁 구경하러 가자.

들뜨다	야간 개장	졸이다

더 생각해 보기

V-다고 했는데

2 V-(으)려다가

시작하기 전에

- 주말에 친구와 같이 서울 타워에 가려다가 비가 와서 못 갔다.
- 어젯밤에 야식을 시켜 먹으려다가 다이어트 중이라 참았다.

⋯▸ **어떤 목적이나 의도를 가지고 그 행위를 하려고 했지만 도중에 그만두거나 다른 행위를 하게 됨을 나타낼 때 사용한다.**

- 컴퓨터가 너무 느려서 새로 **구매하려다가** 1년 더 사용하기로 했다.
- 이메일로 **설명해 드리려다가** 제가 직접 설명해 드리려고 전화를 드렸어요.
- 줄리아 씨는 졸업 후에 **취직을 하려다가** 좀 더 공부해 보고 싶은 마음에 유학을 가기로 결심했다.
- 남자 친구가 만들어 준 음식을 먹기 전에 사진을 **찍어 놓으려다가** 잊어버리고 다 먹어 버렸다.

가: 영수야, 왜 울고 있어? 무슨 일이 있어?
나: 매미를 **잡으려다가** 넘어지고 말았어요.

⊙ **앞과 뒤의 주어가 같아야 하며, '-(으)려고 하다가'의 준말로 뒤의 '가'를 생략하고 '-(으)려다'의 형태로 많이 사용한다.**

- 시험이 끝나고 시간이 여유로워서 (내가) 드라마를 **보려다가** (내가) 영화관에 가기로 했다. (○)
- 시험이 끝나고 시간이 여유로워서 (내가) 드라마를 **보려다가** (친구가) 영화관에 가기로 했다. (×)
- 모처럼 연휴라서 여행을 **가려다(가)** 갑자기 친구가 병원에 입원해서 가지 못했다.
- 편의점에서 카드로 **계산하려다(가)** 어제 은행에서 찾은 현금이 있기에 현금으로 냈다.

매미

⊙ **어떤 상황이나 상태를 이루려고 하거나 변화가 생기는 과정에서 그 상황이 멈추거나 변화함을 나타낸다.**

- 입춘이 지나자 벌써 봄이 오려는지 날씨가 **따뜻해지려다가** 꽃샘추위가 왔다.
- 줄리아 씨와 앤디 씨의 오해를 **풀어 주려다가** 오히려 더 싸우게 하고 말았다.
- 할머니가 병세가 **심해지려다가** 다행히 요즘 좋아지셨는지 거동이 가능하시다.

연습

1. 〈보기〉와 같이 연결하고 문장을 완성하십시오.

보기
도서관에 가다 ———— 졸려서 집에 갔다
도서관에 가려다가 졸려서 집에 갔다.

1) 배가 고파서 혼자 밥을 먹다	•	•	길이 막혀서 늦을까 봐 지하철을 타러 가다
2) 버스를 타다	•	•	무엇을 좋아하실지 몰라서 현금으로 드리다
3) 할머니의 생신 선물을 사 드리다	•	•	직접 실물을 보고 사고 싶어서 마트에 오다
4) 부상으로 이번 경기를 포기하다	•	•	팬들의 응원에 힘입어 참여하게 되다
5) 인터넷으로 가구를 주문하다	•	•	수업이 끝나서 돌아온다는 룸메이트를 기다리다

1) ______________________________.

2) ______________________________.

3) ______________________________.

4) ______________________________.

5) ______________________________.

입춘	꽃샘추위	병세	거동	힘입다	실물

2. 다음 대화를 완성하십시오.

1) 가: 줄리아 씨, 머리 스타일이 달라지셨네요. 염색도 하고 짧게 자르신 것 같아요.

나: 네, 머리를 계속 ________________ 지겨워서 기분 전환도 할 겸 바꿔 봤어요.

2) 가: 유진 씨는 아직도 그 회사에 다니고 있어요?

나: 네, 이번에 다른 회사로 ________________ 원래 회사에서 승진을 하게 되어서 그대로 다니기로 했어요.

3) 가: 앤디 씨, 고양이를 어디에서 데려왔어요?

나: 길가에 버려져 있어서 데려왔어요. 못 본 척하고 ________________ 배가 고플 것 같아서 우유라도 먹이려고요.

4) 가: 사오리 씨, 쇼핑하러 간다고 하지 않았어요? 왜 아직도 집에 있어요?

나: 쇼핑을 ________________ 다음 달 여행 경비에 보태려고 안 가기로 했어요. 조금이라도 저축해 두려고요.

5) 가: 제인 씨, 집들이 음식은 연습했던 대로 잘 만들었어요?

나: 아니요, 음식을 직접 ________________ 날씨가 더워서 그냥 배달 음식을 주문해서 먹기로 했어요.

3. 다음 대화를 읽고 한 문장으로 요약하십시오.

1)

마리아: 왕명 씨, 무슨 전공을 공부하고 싶어요?

왕 명: 글쎄요. 아직 잘 모르겠어요. 경영학도 배우고 싶고, 컴퓨터 공학도 배우고 싶고, 다른 것들도 재미있을 것 같아요.

마리아: 내일이 대학 입학 원서 접수 마감인데, 빨리 결정해야 할 것 같아요.

왕 명: 안 그래도 오늘 수업이 끝나고 친구들과 이야기를 해 보려고요.

마리아: 제 생각에는 시간이 없으니 친구들보다는 선생님과 상담해 보는 게 좋을 것 같아요.

왕 명: 네, 그렇게 하는 것이 좋겠네요.

⋯→ 왕명은 친구들과 ________________________________.

승진하다	경비	저축

2)

토니: 진나 씨, 교수님께 이메일 보내 드렸어요?

진나: 아니요. 무슨 이메일이요?

토니: 오늘까지 제출해야 할 과제 말이에요. 이메일로 제출하라고 하셨어요.

진나: 아! 교수님께 이메일을 보내려고 컴퓨터를 켰는데, 계속 인터넷 기사만 읽고 있었네요. 지금 당장 보내야겠어요.

⋯› 진나 씨는 ________________________________.

4. 다음 문자 메시지를 완성하십시오.

1)

가: 곧 방학인데 무엇을 할까? 무슨 계획 있어?

나: 처음에는 여행을 ________________ 아르바이트를 하기로 했어. 이번에 좋은 일자리를 구하게 됐거든.

2)

가: 마리아 씨, 케이크 준비 다 됐어요?

나: 네, 조금 전에 완성했어요. 빵집에서 ________________ 제가 직접 만들었어요. 왕명 씨가 좋아하겠죠?

14

인용 표현

① A-다니까 // V-ㄴ/는다니까
② A-대 // V-ㄴ/는대
③ A-다면서 // V-ㄴ/는다면서

1 A-다니까 // V-ㄴ/는다니까

시작하기 전에

- 그 레스토랑은 야경이 예쁘다니까 여자 친구와 같이 가면 좋겠다.
- 대학교를 졸업하고 나서 유학을 간다니까 부모님이 깜짝 놀라셨다.

자신의 말 또는 다른 사람에게서 전해 들은 내용이나 사실을 이유나 근거로 하여 그에 대해 반응함을 나타낼 때 사용한다. 'A/V-ㄴ/는다고 하니까'의 준말이다.

- 방송에서 버섯이 몸에 **좋다니까** 버섯만 다 팔렸다.
- 내가 주로 홈쇼핑에서 물건을 **산다니까** 어머니가 과소비라며 화를 내셨다.
- 요즘 회사 일이 많아서 스트레스가 **쌓인다니까** 남자 친구가 깜짝 이벤트를 해 줬다.
- 조카가 초등학교에 입학한다는 소식을 들은 게 엊그제 같은데 벌써 **졸업한다니까** 눈물이 날 것 같다.

가: 어머니, 집이 왜 이렇게 조용해요?
나: 동생이 내일 중요한 시험이라 **공부한다니까** 우리도 조용히 해 주자.

⊙ **'A-(으)냐니까', 'V-(느)냐니까', 'N(이)냐니까'의 형태와 같이 의문형으로도 사용할 수 있다.**

- 어제 시험이 **어땠냐니까** 학생들이 매우 어려웠다며 입을 모아 이야기했다.
- 이런 방법으로 진행해서 전통문화를 **보존할 수 있냐니까** 주최 측이 꿀 먹은 벙어리처럼 대답을 하지 못했다.
- 남편에게 언제까지 출장**이냐니까** 아직 알 수 없다며 빠른 시일 안에 오겠다는 이야기만 남겼다.

⊙ **동사의 경우 명령형인 'V-(으)라니까'의 형태로, 청유형인 'V-자니까'의 형태로도 사용할 수 있다.**

- 졸업 10주년 여행을 **가자니까** 친구들이 모두 바쁘다며 거절했다.

주최	꿀 먹은 벙어리	시일

- 도서관에서 계속 떠드는 학생들에게 **떠들지 말라니까** 오히려 화를 냈다.
- 안내원이 다른 기차를 **타라니까** 타긴 했는데 제대로 탔는지 잘 모르겠다.
- 민수 씨가 발표를 같이**하자니까** 같이하게 되었는데 별로 열심히 하지 않는 것 같아 걱정이다.

⊙ **앞의 내용과 뒤의 내용의 주어가 서로 달라야 한다.**

- 안나 씨가 강아지를 **기른다니까** 집주인 아주머니가 이사를 가라고 했다.
- 내가 고향 음식을 **먹고 싶다니까** 룸메이트가 요리를 해 줬다.

⊙ **명사의 경우 'N(이)라니까'의 형태로 사용한다.**

- 그 가게는 맛집**이라니까** 아무래도 오래 기다려야겠지요.

연습

1. 〈보기〉와 같이 연결하고 문장을 완성하십시오.

보기 왕명 씨가 다음 달에 고향에 돌아가다 ———— 파티를 해야겠다
왕명 씨가 다음 달에 고향에 돌아간다니까 파티를 해야겠다.

1) 세계 곳곳에서 물 부족 현상이 심각하다 •		• 친구들이 모두 부러워하다
2) 이번 방학에 유럽으로 두 달 동안 배낭여행을 가다 •		• 기업에서 신입 사원을 많이 채용하기는 어렵다
3) 제니 씨가 다음 달에 결혼하다 •		• 우리도 일상생활에서 물을 아껴 쓰는 방법을 강구하다
4) 새로 개업한 식당의 음식이 맛있다 •		• 오늘 우리 반 회식은 그곳에서 하기로 결정하다
5) 올해도 경제 상황이 어렵다 •		• 동료들이 깜짝 놀라며 축하해 주다

채용하다 강구하다

1) .

2) .

3) .

4) .

5) .

2. 다음 대화를 완성하십시오.

1) 가: 이번 주말에 개봉 예정인 영화 '오늘'이 흥행할 수 있을까요?

나: 네, 지난주에 있었던 시사회 반응이 이번 영화도 흥행에 성공할 것 같아요.

2) 가: 성주 씨가 왜 저렇게 갑자기 나가요?

나: 30분이나 설명해 줬는데도 모르는 눈치길래 뭐가 이해가 저렇게 나가버리네요.

3) 가: 엄마가 만들었는데 처음 만든 김치라 맛이 있을지 모르겠어요.

나: 처음치고는 잘 만들었는데요? 맛있어요.

4) 가: 유미는 만나 봤어? 유미가 도와준다고 하지?

나: 아니, 오후에 중요한 일이 있다면서 다음에 만나자고 했어.

5) 가: 토니 씨, 내일 벚꽃 축제에 가려는데 몇 시에 만날까요?

나: 벚꽃 축제로 인해 오후에는 사람들이 많이 일찍 출발하는 게 좋을 것 같아요.

시사회	흥행

3. 다음 대화를 읽고 요약하십시오.

1)

다니엘: 진나 씨, 벌써 출근했어요? 어제도 가장 늦게까지 남아 있었던 것 같은데요.

진 나: 오늘이 기획안 제출일이라 늦게까지 준비하다 보니 어제 회사에서 밤을 새고 말았어요.

다니엘: 정말요? 어쩐지 기운이 없어 보여요.

진 나: 밤을 새워서 그런지 정신이 좀 몽롱한 것 같아요.

다니엘: 감기 기운이 있을 수 있으니 미리 대비하는 것도 좋을 것 같아요. 혹시 모르니 제가 사 둔 비상약을 드릴게요.

진 나: 정말 고마워요, 다니엘 씨.

⋯› 진나 씨가 밤새 일하느라 ________ 다니엘 씨가 비상약을 챙겨 줬다.

2)

흐엉: 유진 씨, 마이클 씨 소식 들었어요?

유진: 아니요, 마이클 씨에게 무슨 일이 있나요?

흐엉: 오늘 아침에 학교에 오다가 사거리 앞에서 교통사고를 당했다고 들었어요.

유진: 정말요? 마이클 씨가 많이 다쳤나요?

흐엉: 아니요. 다행히 크게 다치지는 않았지만, 다리가 부러져서 일주일 정도는 입원해야 한다고 들었어요.

유진: 정말 큰일 날 뻔했네요. 이따가 수업 끝나고 같이 병문안 가요.

⋯› 마이클 씨가 교통사고로 ________ 친구들이 같이 병문안을 가기로 했다.

몽롱하다

4. 다음 상황을 읽고 대화를 완성하십시오.

〈상황〉

인기리에 방영된 드라마 '사랑의 가족'이 막을 내렸다. 주인공들이 입고 나온 옷은 모두 순식간에 매진되었으며, 사람들의 추가 주문이 쇄도했다.

▼

가: 어제 드라마 '사랑의 가족' 마지막 회 봤어?

나: 당연하지. 어제 퇴근하자마자 바로 뛰어갔어. 어제 주인공이 입은 옷도 정말 예쁘더라.

가: 그치? 나도 ______________________ 친구가 벌써 다 팔렸다고 하더라.

더 생각해 보기

A/V-(으)니까

쇄도하다

2 A-대 // V-ㄴ/는대

시작하기 전에

- 다른 영화 보자. 성주가 이 영화를 봤는데 굉장히 슬프대.
- 어제 인터넷에서 화제가 된 난치병 환자를 위해 네티즌들이 모금 운동을 벌인대.

1. 말하는 사람이 다른 사람에게서 들어서 알고 있는 내용을 다시 전달할 때 사용한다. 'A-다고 해', 'V-ㄴ/는다고 해'가 줄어든 말이다.

- 우리 삼촌은 대학교 때 인기가 정말 **많았대**.
- 친구가 먹어 봤는데 학교 앞에 새로 생긴 카페의 커피가 정말 **맛있대**.
- 이번 학기 대학교 입학 서류는 내일까지 접수를 **받는대**.
- 부장님이 출근길에 교통사고가 나서 1시간 정도 늦게 **오신대**.
- 어제 발생한 화재로 아파트 주민들의 대다수가 큰 피해를 **입었대**.

가: 어제 그 드라마 결말이 어떻게 되었어?

나: 나도 일찍 잠들어서 못 봤는데 주인공이 결국 무사히 섬에서 **탈출했대**.

2. 듣는 사람이 예전에 들어서 이미 알고 있는 사실을 물어보거나 확인할 때 사용한다.

- 뉴스 봤다고 했지? 내일 날씨가 **춥대**?
- 주말에 유미 병문안 갔다 왔다면서? 유미는 좀 **괜찮대**?
- 음식이 거의 다 되었는데 친구들은 언제 **도착한대**?
- 유진이도 밥을 안 먹은 것 같은데 왜 같이 안 **먹는대**?

가: 민수가 뭐라고 했어? 내일 종강 파티에 **온대**?

나: 아니, 내일 일이 있어서 못 온대.

난치병	모금	탈출하다

⊙ **주로 친구나 친한 사이와 같이 비격식적인 상황에서 사용하고, 격식적인 상황에서 사용할 때는 'V-ㄴ/는다고 하다/말하다/말씀하다'와 같은 형태로 쓰인다. 듣는 사람에게 전달할 말을 한 사람이 말하는 사람보다 윗사람이라서 예의를 지켜야 할 경우에 이러한 형태로 사용한다.**

- 선생님께서 오늘부터 지각하는 학생들은 따로 과제를 더 **내주신다고 했습니다**.
- 사장님께서는 이번에 들어온 신입사원들은 직접 공장을 다니며 모두 체험을 해야 **한다고 말씀하셨습니다**.

⊙ **명사의 경우 'N(이)래'의 형태로 사용한다.**

- 그 사람은 고향이 **부산이래**?
- 옆 반 중간시험 1등을 한 학생은 **누구래**?
- 진나 씨가 제일 좋아하는 음식은 **비빔밥이래**.
- 앤디가 한국에서 가장 인상 깊었던 곳은 **제주도래**.

가: 이번 말하기 대회 1등 사람이 **뭐래**? 작년처럼 **도서 상품권이래**?
나: 아니, 이번에는 **노트북이래**. 이번에 열심히 준비해야겠어.

연습

1. 알맞은 것을 골라 문장을 완성하십시오.

듣다	받다	예쁘다	그만두다	친해지고 싶다

1) 유미가 그러는데 지수가 새로 이사한 집이 깨끗하면서도 정말 ____________.

2) 내 친구가 너보고 참 아름답고 ____________. 주말에 한 번 만나볼래?

3) 김 대리가 이번 실수를 만회하지 못하면 아무래도 회사를 ____________.

4) 회사에서 사람들이 왕명 씨의 말은 무시하고 마이클 씨 말만 ____________.

5) 그 병원의 의사 선생님은 노인들한테 진료비를 ____________.

2. 다음 대화를 완성하십시오.

1) 가: 언니가 직장을 옮겼다면서요? 힘들다고 하지 않아요?

나: 아니요, 월급은 조금 적지만 업무량이 적어서 전 직장보다 훨씬 ____________.

2) 가: 요즘 제니 씨가 왜 그렇게 바빠? 도무지 얼굴을 볼 수가 없어.

나: 결혼을 앞두고 둘이 살 신혼집을 직접 ____________.

3) 가: 동생이 결혼한다면서요? 부모님이 좋아하시죠?

나: 네, 좋아하시면서도 한편으로는 ____________. 막내라 그런가 봐요.

4) 가: 어제 회장님이 말씀하신 내용이 무슨 내용이었어요?

나: 회사의 발전을 위해 직원들의 교육 과정에 더 많은 비용을 ____________.

5) 가: 요즘 유행하는 '한복 입기' 체험이 외국인들의 관심을 끄는 것 같아요.

나: 맞아요. 얼마 전에 줄리아 씨도 경복궁에 갈 때 ____________.

3. 알맞은 것을 골라 대화를 완성하십시오.

입원하다	부탁하다	있다

1)

가: 잠시 후면 '유학생을 위한 축제'가 곧 시작할 텐데, 아직 준비가 다 되지 않은 것 같아 걱정이야.

나: 그러게. 사회를 맡은 마이클은 열심히 연습하고 ____________?

가: 어제 전화해 봤는데 갑자기 배탈이 나서 병원에 ____________.

나: 정말? 그러면 어떻게 하지? 당장 사회자가 없네.

가: 다행히 마이클이 같이 연습했던 다니엘에게 ____________. 아마 조금 있으면 다니엘이 도착할 거야.

나: 정말 다행이다. 내가 다니엘이 어디쯤 오고 있는지 한번 전화해 볼게.

업무량 배탈

돌아오다 | 무리 | 완성되다

2)

가: 김 대리, 거래처에는 확인했어? 벌써 마감일이 지났는데 물품은 언제 ?

나: 앞으로 5일 후면 완성이 될 것 같다고 합니다.

가: 5일이나? 그러면 신제품 홍보에도 문제가 생길 것 같은데.

나: 제가 계속 독촉해 보겠습니다. 아무래도 직접 공장에 가서 확인해 보는 것이 좋을 것 같습니다.

가: 그래. 얼른 다녀와. 아까 홍보팀에 기한 연장해 달라고 말했는데 더 이상은 .

나: 네. 홍보팀도 일정이 빠듯해서 고민이 많은 것 같더라고요.

가: 출장 갔던 이 대리도 오늘 . 혼자서는 힘들 테니 둘이서 같이 다녀와.

4. 다음 표를 보고 대화를 완성하십시오.

여름휴가를 보내는 방법

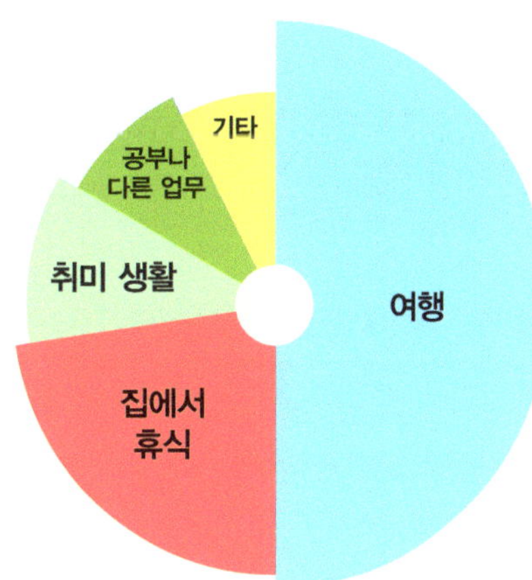

가: 사람들이 여름휴가 때 무엇을 가장 많이 1) ?

나: 작년에 조사된 표를 보니 사람들이 가장 많이 하는 것은 역시 2) .

가: 맞아. 나도 매번 여행을 갔던 것 같아. 그다음에 인기 있는 것은 뭐였어?

나: 아무것도 안 하고 집에서 3) . 사실 난 이게 더 좋을 것 같아.

가: 가끔 집에서 조용히 쉬고 싶을 때도 있으니까. 나도 이번 여름휴가 때는 집에서 쉬어야겠다.

홍보 | 독촉 | 기한 | 빠듯하다

3 A-다면서 // V-ㄴ/는다면서

시작하기 전에

- 왕명 씨가 아프다면서 학교에는 오지 않고 집에서 컴퓨터 게임만 한다.
- 언니가 다이어트 중이라 안 먹는다면서 내가 사 놓은 간식을 몰래 먹어 버렸다.

→ **어떤 말을 하면서 행동을 같이하거나, 그 다음 말을 연결할 때 사용한다. 'A/V-ㄴ/는다고 하면서'가 줄어든 말이다.**

- 수업 시간에 처음 만난 한국 학생이 **반갑다면서** 먼저 악수를 건넸다.
- 진나 씨가 다음 학기 등록금이 **없다면서** 야간 아르바이트를 하다가 병이 나고 말았다.
- 앤디 씨가 이번 시험에는 무슨 일이 있어도 꼭 **합격해야 한다면서** 요즘 도서관에서 밤새 공부한다.

가: 수지 씨, 혹시 줄리아 씨 못 봤어요?
나: 아까 도서관 앞에서 만났어요. 내일 수업 때 필요한 책을 **찾는다면서** 도서관에 갔어요.

⊙ **'A/V-ㄴ/는다며'의 형태로 줄여서 사용할 수 있다.**

- 시험이 끝나자 학생들이 시험이 너무 **어렵다며** 한숨을 쉬었다.
- 마리아 씨가 이번 학기에 1등을 해서 장학금을 **받는다며** 매우 기뻐했다.

⊙ **명사의 경우 'N(이)라면서'의 형태로 사용한다. 과거 시제의 경우 'N였/이었다면서', 미래 시제의 경우 'N일 거라면서'의 형태로 사용할 수 있다.**

- 오늘 학생 식당 메뉴가 **갈비찜이라면서** 학생들이 매우 좋아했다.
- 버스 기사는 교통사고의 원인이 **졸음운전이었다면서** 피해자들에게 사과했다.
- 부장님이 이번 발표의 책임은 **본인일 거라면서** 팀원들에게 철저히 준비할 것을 지시했다.

⦿ **과거 시제는 동사와 형용사 모두 'A/V-았/었다면서'의 형태로 사용하고, 미래 시제나 추측의 의미를 나타낼 때는 'A/V-(으)ㄹ 거라면서'를 사용한다.**

- 동생이 집에 오자마자 지갑을 학교에 두고 **왔다면서** 다시 학교에 갔다.
- 유진 씨가 공연 시간에 **늦었다면서** 계속 옷을 고르고 있어서 화가 났다.
- 선생님이 이번 토픽 시험에는 꼭 **합격할 거라면서** 응원해 주셨다.
- 안나 씨가 나에게 곧 태어날 아기가 나를 닮아서 **예쁠 거라면서** 덕담을 해 주었다.

⦿ **의문형의 경우 'A-(으)냐면서', 'V-(느)냐면서', 'N(이)냐면서'의 형태로 사용한다. 동사의 경우 명령형인 'V-(으)라면서'의 형태로, 청유형인 'V-자면서'의 형태로도 사용할 수 있다.**

- 관광객이 여기에서 경복궁이 **머냐면서** 길을 물었다.
- 어제 새로 산 옷이 왜 벌써 **작으냐면서** 옷가게에 가서 따졌다.
- 등록금이 왜 계속 **오르느냐면서** 학생회에서 정확한 이유를 설명해 달라고 요구했다.
- 비행기가 계속 지연되는 이유가 **무엇이냐면서** 승객들이 항의했다.
- 엄마가 어질러진 방을 보시더니 방 좀 **치우라면서** 화를 내고 나가셨다.
- 남편이 이번 휴가에는 꼭 해외여행을 **가자면서** 여행 장소를 찾아보고 있다.

⦿ **앞의 내용과 뒤의 내용의 주어가 서로 같아야 하며, 주어는 보통 문장 앞에 한 번 나온다.**

- 아이들은 새해가 되면 세뱃돈을 **받는다면서** (아이들은) 좋아한다.
- 토니 씨가 그 뮤지컬이 **재미있다면서** (토니 씨가) 같이 보러 가자고 했다.

항의하다

연습

1. 〈보기〉와 같이 연결하고 문장을 완성하십시오.

보기 앤디 씨는 시험공부를 하다 ——— 도서관으로 가다
앤디 씨는 시험공부를 한다면서 도서관으로 갔다.

1) 안나 씨가 한 시간 전에 출발하다 •		• 여전히 피워 대다
2) 다니엘 씨가 아까부터 숙제를 하다 •		• 아직도 도착하지 않다
3) 민수는 담배를 끊다 •		• 오늘 회의에 참석하지 못하다
4) 리사가 배가 아프다 •		• 동생의 독립을 반대하다
5) 부모님께서는 동생이 너무 어리다 •		• 컴퓨터만 보고 있다

1) ______________________________.

2) ______________________________.

3) ______________________________.

4) ______________________________.

5) ______________________________.

2. 다음 대화를 완성하십시오.

1) 가: 유진 씨, 웬 강아지예요? 강아지를 키우기로 했어요?

나: 네, 동생이 길에 버려진 강아지가 ______________ 데리고 왔어요.

2) 가: 마리아 씨, 어제 추석 기차표는 잘 예매했어요?

나: 아니요, 남편이 ______________ 기차표 예매를 미루더니 예매를 못했어요.

독립

3) 가: 이 대리, 무슨 걱정을 그렇게 해요?

나: 경기 불황으로 매출이 ____________ 직원들을 줄인다고 해서 걱정이에요.

4) 가: 제니 씨, 그 가수의 공연은 언제까지 볼 수 있어요?

나: 관객들의 반응이 ____________ 공연을 다음 달까지 하기로 결정했어요.

5) 가: 신입생들의 기분이 왜 저렇게 좋아요?

나: 신입생들이 축제 때 선물을 ____________ 저렇게 좋아하네요.

3. 알맞은 것을 골라 대화를 완성하십시오.

공부하다	기부하다	다니다

1)

진　나: 어제 뉴스에서 감동적인 이야기를 봤어요.

마이클: 무슨 이야기였는데요?

진　나: 어떤 할머니께서 불우한 학생들을 위해 3억을 ____________ 뉴스에 나왔어요.

마이클: 정말 대단하신 분이네요. 그런데 그 할머니는 어떻게 기부를 결심하게 되셨대요?

진　나: 할머니께서 어렸을 때 돈이 없어서 학교에 ____________ 기부에 대해 생각하게 되셨대요.

마이클: 감동적이네요. 우리도 ____________ 유학까지 왔는데 더 열심히 해야겠다는 생각이 들어요.

경기 불황	매출	불우하다	기부하다

많다	부족하다	구하다

2)

유미: 성주 씨, 요즘 세계 여러 곳에서 가뭄으로 물이 부족하다는 이야기를 라디오에서 들었어요.

성주: 맞아요. 저도 얼마 전에 그 이야기를 들었어요.

유미: 우리는 물이 ______________ 너무 낭비하고 있다는 생각이 들어요.

성주: 저도 그 소식을 듣기 전까지는 양치할 때도 계속 물을 틀어 놓았는데 요즘은 물을 꼭 잠그는 습관이 생겼어요.

유미: 저도 물을 아껴 쓸 수 있는 방법을 생각해 봐야겠어요. 지금은 주변에서 물을 쉽게 ______________ 계속 써 대다가는 우리나라도 언젠가 물 부족 국가가 될지도 모르겠어요.

성주: 그러게요. 사용할 물이 ______________ 함부로 쓰면 진짜 그렇게 될 것 같아요.

4. 다음 기사를 읽고 요약문을 완성하십시오.

불과 10년 사이에 1인 가구가 눈에 띄게 증가된 것으로 조사됐다. 한국리서치협회에 따르면, 혼자 사는 사람의 비율은 전 연령대에서 고르게 증가하였으며 앞으로도 꾸준히 늘어날 것이라 예상하였다. 기업들도 서로 앞다퉈 1인 가구를 위한 상품들을 내놓았으며, 정부 또한 앞으로 1인 가구에 적합한 정책들을 수립할 것이라 발표하였다.

→ 정부는 요즘 혼자 사는 사람들이 ______________ 1인 가구를 위한 정책을 수립할 예정이라고 밝혔다.

불과	앞다투다	수립하다

15

정도 표현

① A/V-(으)리만치

② A/V-(으)ㄴ/는 만큼

1 A/V-(으)리만치

시작하기 전에

- 김 선생님은 평소에는 친절하시지만 화가 나면 냉정하리만치 무섭다.
- 그 가수는 얼굴을 보지 않아도 누구인지 알 수 있으리만치 목소리가 독특하다.

⋯› **뒤에 나타나는 내용을 강조하기 위해 앞의 내용을 '어떠한 상황이나 상태가 될 정도로'의 뜻으로 그 상황에 대해 비유적으로 나타낼 때 사용한다.**

- 그 선수는 이번 경기에서 걸을 수 **없으리만치** 큰 부상을 당하고 말았다.
- 태풍이 오기 직전의 바닷가는 **무서우리만치** 고요하면서도 잔잔한 느낌이었다.
- 교통사고가 났던 그 날은 지금도 생각하기조차 **싫으리만치** 고통스러운 날이었다.
- TV에서 50년 전 헤어진 이산가족의 만남을 보면서 나도 모르게 눈물이 왈칵 **쏟아지리만치** 감동적이었다.

가: 마이클 씨, 오늘 날씨가 어때요?
나: 어제부터 지금까지 앞도 안 **보이리만치** 비가 오고 있어요.

⊙ **주로 '-(으)ㄹ 수 없으리만치'의 구성으로 사용한다.**

- 현대 정보 기술은 몇 년 앞을 **예측할 수 없으리만치** 빠르게 발전하고 있다.
- 할아버지께서 남겨주신 유품은 다른 물건과는 값으로 **따질 수 없으리만치** 소중하다.
- 고려 시대 청자는 지금의 도자기와는 **견줄 수 없으리만치** 청아한 아름다움을 자랑한다.
- 힘들게 올라간 제주도 한라산의 정상에서 바라본 풍경은 무엇과도 **비교할 수 없으리만치** 아름다웠다.

잔잔하다	이산가족	왈칵	유품	예측하다	견주다	청아하다

연습

1. 알맞은 것을 골라 문장을 완성하십시오.

먹다	선정되다	냉정하다	심각하다	말할 수 없다

1) 사장님은 착해 보이지만 ____________ 모든 일에 빈틈없는 사람이다.

2) 왕명 씨가 며칠 동안 밤을 새워 공부하더니 밥도 못 ____________ 몸살이 났다.

3) 친하게 지냈던 두 사람이 다른 사람에게 내 욕을 했다니 ____________ 화가 났다.

4) 김유진 선수는 세계 10대 선수로 ____________ 세계적으로 실력도 좋고 인기도 높다.

5) 요즘 대학생들은 취업 준비와 성적 등 여러 가지 문제로 ____________ 스트레스를 받고 있다.

2. 다음 대화를 완성하십시오.

1) 가: 진나 씨가 다음 달에 결혼한다고 요즘 정말 예뻐졌죠?

나: 네, 얼마 전에 우연히 만났는데 ____________ 예뻐져서 깜짝 놀랐어요.

2) 가: 마이클 씨, 이번 대회에서 1등을 했다면서요? 정말 축하해요!

나: 고마워요. 도무지 ____________ 기분이 좋네요.

3) 가: 김 작가의 이번 전시회 작품은 이전과는 많이 달라져서 명쾌하네요.

나: 맞아요. 이번 작품들은 ____________ 단순해져서 느낌이 달라졌어요.

4) 가: 앤디 씨, 어제 아시안컵 결승전 봤어요? 온 동네가 들썩했죠?

나: 네, 우리가 결승골을 넣는 순간 온 동네가 ____________ 환호성을 질렀어요.

5) 가: 안나 씨, 룸메이트하고 왜 싸웠어요?

나: 룸메이트가 ____________ 청소를 안 해서 화가 났어요.

냉정하다	빈틈없다	명쾌하다	들썩하다

3. 알맞은 것을 골라 글을 완성하십시오.

사다	디디다	이해하다

올해로 10회를 맞이하게 된 '아시아프'는 젊은 작가들의 미술 축제로, 신진 작가들의 패기와 신선함이 잘 드러난다. 전시 장소 또한 자유롭게 구성되었는데, 보통 사람들은 1) 독특한 장소도 포함되었다. 지금까지 매년 전시를 관람했다는 한 남성은 인터뷰에서 젊은 작가들의 자신감은 돈으로 2) 소중하므로 앞으로 이러한 전시를 더 많이 활성화해야 한다는 입장을 밝혔다. 처음 이 대회가 어렵게 시작되었던 것과는 달리 지금은 사람들이 발도 3) 인기를 끌고 있다. 또한 이번 대회에서 인기 작가로 선정된 3명의 작가는 앞으로 5년 동안 후원을 받게 될 것이다.

4. 다음 편지를 완성하십시오.

믿다	무섭다	다물다

진나에게!

진나야, 방학 잘 보내고 있어?

난 유럽으로 배낭여행을 왔어. 여기는 내가 기대했던 것보다 훨씬 멋있는 것 같아.

가는 곳마다 입을 1) 아름다운 곳이 너무 많아.

풍경도 예쁘고 사람들도 정말 친절해서 돌아가고 싶은 마음이 안 들 정도야.

하지만, 가끔 2) 값비싼 것들을 보면 깜짝 놀라기도 해.

혼자 여행하는 것이 처음이라 걱정하기도 했지만, 나름 시간 활용을 잘 하게 돼.

특히 밤에는 3) 조용해서 고요한 느낌도 들고 혼자 생각할 시간도 많아서 좋아.

이제 3일 후면 돌아가야 하는데, 벌써 아쉬운 마음이야.

돌아갈 때까지 잘 지내고 있어. 가서 또 연락할게.

— 수지가 —

패기	디디다	다물다

더 생각해 보기

A/V-(으)리만큼

A/V-(으)ㄹ 정도로

2 A/V-(으)ㄴ/는 만큼

시작하기 전에

- 어머니께서 해주신 음식은 정성이 담겨 있는 만큼 맛도 좋고 영양도 풍부하다.
- 이번 휴가철은 태풍이 올 것으로 예상되는 만큼 미리 대비를 해 놓는 것이 좋다.

1. 앞에 나타난 내용과 비슷한 정도 또는 수량을 가리킬 때 사용한다. 형용사는 'A-(으)ㄴ 만큼'으로 사용하고, 동사는 'V-는 만큼'으로 사용한다. 동사의 경우 시제에 따라 과거 시제에는 'V-(으)ㄴ 만큼', 미래 시제에는 'V-(으)ㄹ 만큼'으로 사용한다.

- 중국은 **넓은 만큼** 인구도 많고 지역별로 문화적 특색이 뚜렷한 편이다.
- 유학 생활은 남들보다 **힘든 만큼** 좋은 결과로 이어질 것이니 열심히 노력해야 한다.
- 저희 식당에서는 **원하시는 만큼** 반찬을 마음껏 드실 수 있습니다.
- 아이는 엄마가 **믿는 만큼** 자라므로 엄마와 아이 간의 관계 형성이 제일 중요하다.
- 그 배우를 실제로 만나 보니 말로 표현할 수 **없을 만큼** 잘생겼다.
- 여행은 '**아는 만큼** 보이고, **보이는 만큼** 즐긴다'는 말이 있을 정도로 여행 가기 전의 준비가 중요하다.

가: 줄리아 씨, 벌써 내일이 시험이에요. 시험을 잘 볼 수 있을까요?
나: 우리가 **공부한 만큼** 시험 결과가 나올 테니, 걱정하지 마세요.

2. 앞에 나타난 내용이 뒤 내용의 원인이나 근거로 작용함을 보여준다. 주로 격식적인 상황에서 사용한다.

- 모처럼 큰 프로젝트를 **맡은 만큼** 이번 일에 최선을 다할 생각입니다.
- 이제 막 일을 **시작한 만큼** 더 많은 경험을 쌓을 수 있도록 노력할 것이다.
- 여러 사람들이 **도와주신 만큼** 앞으로 더 노력하는 모습 보여드리겠습니다.

특색 모처럼 맡다

⊙ **앞과 뒤 내용의 주어가 같은 경우가 많다. 이때 주로 뒤에 나오는 주어는 대부분 생략한다.**

- 저는 **먹는 만큼** 살이 찌는 체질이라 (저는) 늘 운동도 열심히 하고 식이요법에도 신경을 써야 해요.
- 이 저축 상품은 가입 조건이 **까다로운 만큼** (이 저축 상품은) 이자도 높아서 직장인들이 짧은 기간 안에 목돈을 마련하기에 적합하다.

연습

1. 〈보기〉와 같이 연결하고 문장을 완성하십시오.

> **보기** 용돈을 절약하다 ———— 저축이 증가해서 기분이 좋다
> 용돈을 절약하는 만큼 저축이 증가해서 기분이 좋다.

1) 내일부터 꽃샘추위가 올 것으로 예상되다 •	• 공부에도 신경을 쓰면 반에서 1등을 할 것이다
2) 고등학생인 동생이 외모에 신경 쓰다 •	• 국가적으로 제도적 정비와 안내가 필요하다
3) 내일부터 회의 준비로 잘 시간이 없다 •	• 오늘은 푹 쉬기로 하다
4) 마리아는 처음으로 과대표를 맡다 •	• 친구들을 위해서 열심히 일하기로 결심하다
5) 병원에 따라 진료비 차이가 크게 나다 •	• 두꺼운 옷으로 감기를 대비해야 한다

목돈	과대표	제도적	정비

1) .

2) .

3) .

4) .

5) .

2. 다음 대화를 완성하십시오.

1) 가: 대학교 졸업이 다가오니 취업 때문에 고민이 많아졌어요.

나: 맞아요. 그래도 성숙해진다는 말이 있으니 힘내세요.

2) 가: 이 식당은 반찬이 셀프서비스인가 봐요.

나: 네, 그래도 덜어가야 음식을 쓰레기로 낭비하지 않을 거예요.

3) 가: 제인 씨, 이번에 장학금을 못 받았다면서요. 등록금을 어떻게 냈어요?

나: 부모님께서 대신 내주셨어요. 부모님께서 저도 더 열심히 공부할 생각이에요.

4) 가: 줄리아 씨, 그 남자 친구와 결혼할 생각이에요?

나: 네, 이번에는 오래 진지하게 이야기하는 중이에요.

5) 가: 진나 씨, 이번 주말에는 왜 평소보다 1시간이나 빨리 출발해야 돼요?

나: 약속 장소가 평소보다 일찍 출발하는 게 좋을 것 같아요.

셀프서비스	진지하다

3. 다음 기사를 읽고 기사문의 주제문을 만드십시오.

최근 정치인 및 연예인 자녀들의 대학교 부정 입학이 논란이 되고 있다. 일명 사회적 지도층 및 공인이라고 여겨지는 부류에서 이루어진 불법 행위에 대해 대다수의 국민들이 거세게 비난을 하고 있다. 이번 부정 입학 사건에 도움을 줬다는 의혹을 받고 있는 총장도 사퇴해야 한다는 주장이 강하게 제기되고 있다. 이와 같이 노력하는 학생들의 자리를 뺏는 행위는 사회의 발전을 저해할 수 있으며, 학생들의 의지가 꺾일 수 있다.

··· 학생들이 ______________ 성과가 있어야 사회가 발전할 수 있다.

4. 알맞은 것을 골라 이메일을 완성하십시오.

시작하다	돕다

받는 이	한국무역회사 담당자 '이유진'〈yoojin@korea.kr〉
보낸 이	김민수〈mskim@cau.ac.kr〉

안녕하십니까?

중앙무역회사 비서실 김민수입니다.

지난주에 있었던 저희 회사 신제품 박람회에 참석해주셔서 진심으로 감사드립니다.

신제품에 대한 반응은 어떠신지 궁금하여 연락드렸습니다.

저희 회사가 이제 막 자리 잡기 1) ______________ 최선을 다해 열심히 노력할 것입니다.

고객들의 반응에 대해 조금이라도 알려주신다면 정말 감사하겠습니다.

지난 박람회 때 2) ______________ 저희가 도와드릴 수 있는 일이 있으면 언제든지 연락해 주시기 바랍니다.

그럼 답변 기다리겠습니다. 감사합니다.

중앙무역회사 비서실 김민수 드림

부정 입학	의혹	사퇴하다	저해하다	박람회

더 생각해 보기

A/V-(으)니까

A/V-(으)ㄹ 정도로

A/V-(으)리만큼

A/V-(으)리만치

16 조건 표현

① V-는 한

1 V-는 한

시작하기 전에

- 이 회사에 계속 다니는 한 승진을 하거나 큰돈을 모으기는 어려울 것이다.
- 국가 발전의 기초인 인재 양성을 위해 힘쓰는 한 그 나라는 계속 발전할 것이다.

1. 앞에 오는 행위나 상황이 뒤에 오는 상태나 행동의 전제나 조건이 됨을 나타낸다.

- 지금처럼 복습을 **계속하는 한** 성적이 떨어질 걱정은 없다.
- 상대방에 대한 신뢰가 **없는 한** 결혼 생활은 유지하기가 어려워요.
- 물건을 구입했을 때 받은 영수증을 가지고 **있는 한** 환불이 가능합니다.
- 아무리 머리가 좋아도 꾸준히 **공부하지 않는 한** 시험에 합격할 수 없다.
- 비록 지금은 여러 번 실패하더라도 계속 **시도하는 한** 언젠가 이 실험은 성공할 것이다.

가: 이번 대통령 선거는 어떻게 될 것으로 예측되나요?

나: 여론 조사에서와 같이 투표자의 과반수가 **찬성하는 한** 이변 없이 김영수 후보가 대통령으로 당선될 것이라 예측되고 있습니다.

⊙ **'-는 한'은 일반적으로 형용사와 결합할 수 없지만, '가능하다'의 형용사와는 예외적으로 결합하여 'A-(으)ㄴ 한'의 형태로 사용할 수 있다.**

- 부장님께서 말씀하신 자료는 **가능한 한** 마감일을 꼭 지켜주시기 바랍니다.

가: 다음 주부터 강의가 있으니 강의실 컴퓨터는 **가능한 한** 빨리 수리해 주세요.

나: 네, 알겠습니다. 관리 부서에 연락하겠습니다.

⊙ **동사 '관하다'는 관용적으로 '-는 한' 대신 '-(으)ㄴ 한'의 형태와 결합하여 '관한 한'으로 사용한다.**

⊙ **동사 '되다'는 '될 수 있는 한'처럼 관용적으로 사용하기도 한다.**

- 다이어트를 위해 **될 수 있는 한** 차를 타지 않고 걸어 다닐 예정이다.
- 인공 지능에 **관한 한** 김 박사의 논문이 가장 우수한 평가를 받는다.

연습

1. 〈보기〉와 같이 연결하고 문장을 완성하십시오.

> **보기**
> 운동을 계속하다 ―――― 첫 시합의 설렘을 잊을 수 없다
> 운동을 계속하는 한 첫 시합의 설렘을 잊을 수 없다.

1) 부모님에게서 경제적 독립을 하지 않다 •	• 이번 일을 제대로 마칠 수 없을 것이다
2) 지금처럼 폭설이 계속 내리다 •	• 목표한 꿈을 이룰 수 있을 것이다
3) 모든 사람이 힘을 합치지 않다 •	• 그 사람은 내 마음을 알 수 없다
4) 좋아하는 사람에게 고백하지 않다 •	• 제시간에 도착할 수 없을 것 같다
5) 열정과 용기를 갖고 꾸준히 노력하다 •	• 진정한 성인이라고 하기 어렵다

1) ______________________________.

2) ______________________________.

3) ______________________________.

4) ______________________________.

5) ______________________________.

2. 다음 문장을 완성하십시오.

1) 다른 사람의 비판을 수용하지 않는 한 ______________________.

2) 야생 동물을 보호하지 않는 한 ______________________.

3) 같은 나라 친구들과 많은 시간을 보내는 한 ______________________.

4) 희망을 가지고 계속 도전하는 한 ______________________.

5) 계속 저축하는 한 ______________________.

> 야생

3. 다음을 읽고 여러분의 의견을 써 보십시오.

1)

최근 20대 후반에서 30대 초반의 젊은이들 사이에서 "YOLO(You Only Live Once)"라고 하여 자신의 행복을 찾아 회사를 그만두는 사람들이 늘어나고 있다. 자신의 행복을 가장 중시하여 미래나 남을 위해 희생하는 삶이 아니라 지금 당장 삶의 질을 높일 수 있는 곳에 돈을 아낌없이 투자하는 것이다. 하지만 이러한 사람들이 휴식 기간을 가지고 나면, 그 후의 생활을 어떻게 진행할 것인지에 대한 계획은 아직 미지수인 경우가 많다.

⋯› 지금 다니는 회사에서 행복을 찾을 수   언제든 떠날 것이다.

⋯› 지금보다 삶의 질을 높일 수   더 나은 곳을 찾아 떠날 것이다.

2)

통계청 발표 결과 한국에서 거주하는 외국인의 수는 지난 10년간 꾸준히 증가하여 2018년 현재 180만 명을 넘어섰다. 이러한 추세가 계속된다면 곧 200만 명을 넘는 것은 시간문제일 것이다. 국내 거주 외국인들의 국적 또한 매우 다양했으며, 그들이 살고 있는 지역 또한 한 곳에 집중된 것이 아니라 다양하게 분포되어 있는 것을 알 수 있었다. 그러므로 여러 나라의 문화와 사고방식을 접하고 수용할 수 있도록 정부나 지방자치제 차원의 많은 교육과 홍보가 필요하다.

⋯› 한국에서 거주하는 외국인이 계속   다문화 사회에 대한 교육과 홍보는 필수적이다.

미지수   지방자치제

4. 다음 문자 메시지를 완성하십시오.

1)

가: 남자 친구가 어제도 1시간이나 늦게 왔어. 앞으로 늦지 않겠다고 약속한 지 일주일도 안 됐는데.

나: 이제 무조건 일찍 ____________________ 헤어지겠다고 말해 봐.

2)

가: 아르바이트를 더 ____________________ 다음 학기 등록금을 내기 어려울 것 같아.

나: 정말? 그럼 내가 일하는 곳에도 한번 알아봐 줄게. 요즘 사람이 부족하다고 했거든.

더 생각해 보기

V-(으)ㄹ라치면

A/V-(으)ㄴ/는 이상

17

추가 표현

① N을/를 막론하고

1 N을/를 막론하고

시작하기 전에

- 동서양을 막론하고 그 화가의 작품은 전 세계인들의 사랑을 받고 있다.
- 그 책은 남녀노소를 막론하고 인기가 높아서 출간한 지 일주일 만에 베스트셀러가 되었다.

···› **어떤 일이든 이것저것 가리거나 따지지 않음을 나타낸다.**

- 요즘은 **남녀노소를 막론하고** 사람들이 스마트폰을 사용하는 데 시간을 많이 낭비한다.
- 그 교수님은 수업에 조금이라도 늦으면 **이유를 막론하고** 무조건 결석으로 처리하신다.
- 전 세계의 모든 아이들은 국적이나 **인종을 막론하고** 누구에게나 사랑받아야 하며 존중되어야 한다.
- 이번 사건에 대한 검증을 위해 지위 **고하를 막론하고** 관련된 모든 사람들이 조사를 받아야 할 것이다.

가: 김 기자, 설문조사 결과 대학생들이 이번 방학 때 가장 하고 싶은 것은 무엇으로 나왔습니까?
나: 네, 대학생들은 **남녀를 막론하고** 여행을 가장 하고 싶다고 응답했습니다.

⊙ **말할 때와 글을 쓸 때 모두 상관없지만, 격식적인 상황에서 자주 사용할 수 있다.**

- 한국 여성들은 **사시사철을 막론하고** 다이어트에 대한 관심이 많다.
- 이번 시험에서 1등으로 합격한 김유진 씨에 따르면 **주야를 막론하고** 책을 읽었다고 합니다.
- 요즘같이 과학 기술이 빠르게 발전하는 시대에서는 **직종을 막론하고** 컴퓨터를 사용할 수 있는 능력이 필수적 요소로 작용한다.

인종	고하	직종	사시사철

연습

1. 알맞은 것을 골라 문장을 완성하십시오.

여야	인종	이유 여하	남녀노소	동서고금

1) 부장님은 ________________ 회의에 늦는 것을 매우 싫어하신다.

2) 행복이란 ________________ 인류가 항상 추구해 오던 중요한 요소이다.

3) 모든 사람은 ________________ 누구나 평등해야 하며 존중받아야 한다.

4) 이 식당은 ________________ 사람들이 모두 좋아해서 항상 한 시간이 넘게 기다려야 한다.

5) 미세 먼지로 인한 환경 보호 법안에 대해서는 ________________ 모든 의원들이 적극적으로 찬성하고 있다.

2. 알맞은 것을 골라 대화를 완성하십시오.

시대	이유	직종

선생님: 이번 시간에는 여러분이 생각하는 '삶에서 가장 중요한 것이란 무엇인가'에 대해 서로 발표해 보는 시간을 갖겠습니다.

마리아: 제가 생각하기에 1) ________________ 삶에서 가장 중요한 것은 '사랑'입니다. 모든 사람들은 서로 사랑하지 않고 살아갈 수 없기 때문입니다.

사오리: 물론 사랑도 중요합니다. 하지만 현대인들의 삶에서 가장 중요한 것은 빠르게 변화하는 시대를 내다볼 수 있는 안목입니다. 특히 요즘같이 과학 기술이 발전하는 시기에는 2) ________________ 변화의 흐름이 매우 빠르기 때문입니다.

토 니: 제가 생각하는 삶의 중요한 것은 3) ________________ 항상 긍정적으로 생각하는 것입니다. 세상을 살면서 힘든 일도 많고 어려운 일도 있겠지만 긍정적으로 생각하면 모든 것을 극복할 수 있을 것입니다.

여야	여하	동서고금	존중	안목

3. 다음 기사를 읽고 기사문의 주제문을 만드십시오.

최근 아프리카 지역에서는 내전으로 인해 부모를 잃고 배고픔에 시달리다가 죽어가는 아이들이 늘어나고 있다. 고아로 인정받는 아이들은 선진국으로 입양을 가는 경우도 있지만, 대부분의 아이들은 이를 증명하기가 어려워 아무런 도움을 받지 못하고 있다. 선진국에서는 이러한 아이들의 인권을 먼저 생각하기보다는 자신들이 불이익을 받을까 두려워 아직 조심스럽게 대처하고 있는 실정이다.

···› 전 세계 아이들은 모두 소중하다.

4. 다음 그림을 보고 〈보기〉와 같이 문장을 완성하십시오.

보기 고전은 시대를 막론하고 모든 사람들에게 사랑받는다.

1) 

〈공공장소에서 금연은 남녀의 구분이 없다.〉
공원에서는 금연해야 합니다.

2) 

〈시험장에는 반드시 일찍 도착해야 한다.〉
시험장에 늦게 입실하면
모두 시험을 볼 수 없습니다.

3) 

〈물은 세계 어디서나 중요한 자원이다.〉
예로부터 물은 인류의 소중한 자원이다.

내전	고아	입양	인권	인류

더 생각해 보기

N을/를 불문하고

18

추측/가능 표현

① A/V-(으)ㄴ/는 듯하다

② A/V-(으)ㄹ게 뻔하다

1 A/V-(으)ㄴ/는 듯하다

시작하기 전에

■ 10년 전에 유행했던 미니스커트가 올해 다시 유행하는 듯하다.
■ 시험 결과가 아직 안 나왔지만 제니 씨가 기분이 좋은 것을 보니 잘 본 듯하다.

→ **어떤 상황이나 상태를 추측할 때 사용한다.**

- 많이 준비해 놨다고 생각했는데 음식이 초대한 손님에 비해 **적은 듯하다**.
- 성주가 흠뻑 젖어서 들어온 걸 보니 아직도 비가 **오는 듯하다**.
- 아침부터 마리아 씨가 계속 남자 친구의 전화를 기다리는 것 같더니 지금 통화를 **하는 듯하다**.
- 마이클 씨는 아직 신입 사원이라서 그 일을 맡기기에는 **무리인 듯하다**.

가: 유미와 같이 안 왔어?
나: 어, 전화했는데 안 받더라고. 요즘 되게 **바쁜 듯했어**.

◉ **과거의 상황을 나타낼 때 동사는 'V-(으)ㄴ 듯하다'로 사용하고 형용사는 '-았/었던 듯하다'로 사용할 수 있다.**

- 상사의 표정을 보니 어제 나의 실수를 다른 사람에게서 **전해 들은 듯하다**.
- 사오리 씨가 밤늦게까지 이삿짐을 정리했다고 하더니 정리할 짐이 **많았던 듯하네요**.

가: 토니 씨 표정이 왜 그렇게 어두워요?
나: 아무래도 상황을 보니 어제 여자 친구에게 거짓말한 것이 들통이 **난 듯해요**.

◉ **미래의 상황을 추측할 때는 'A/V-(으)ㄹ 듯하다'의 형태로 사용할 수 있다.**

- 아침부터 더운 걸 보니까 오후에는 어제보다 더 **더울 듯하다**.
- 이번 국제 문학상에서는 한국의 김민수 씨가 **수상할 듯합니다**.
- 아직 확실히 결과를 알 수 없지만 이번 시험에는 **합격할 듯하다**.
- 시사회에서와 같이 관람객들의 반응이 좋다면 이번 영화의 관람객 수가 **많을 듯하다**.

흠뻑	상사	들통이 나다

⊙ **'A/V-(으)ㄴ/는 듯하다'는 큰 의미 차이 없이 'A/V-(으)ㄴ/는 듯싶다'로 바꾸어 사용할 수 있다. 주로 좀 더 주관적인 추측을 이야기할 때 자연스러우며 'A/V-(으)ㄴ/는 듯싶다'는 말할 때 자주 사용한다.**

가: 유진 씨, 오늘은 집에 몇 시쯤 올 것 같아요?

나: 오늘은 수업이 6시에 끝나니 아마 7시 이전에는 **들어갈 듯싶어요**.

가: 이번 신제품의 매출은 어떠한가요?

나: 지난 하반기에 출시된 제품에 비해 매출이 **오를 듯싶어요**.

⊙ **추측성 신문 기사나 간단한 메시지를 전할 때는 'A/V-(으)ㄴ/는 듯하다'의 '하다'를 생략하여 'A/V-(으)ㄴ/는 듯'의 형태로 사용한다.**

- 올여름에는 강력한 태풍이 **몰려올 듯**.
- 교수님이 입원하셔서 다음 주 수업은 **휴강할 듯**.

연습

1. 알맞은 것을 골라 문장을 완성하십시오.

멀다	비슷하다	찢어지다	적응하다	잠잠하다

1) 경쟁사에서 출시한 상품이 아무래도 우리 상품과 ______________ 표절 소송을 냈다.
2) 흐엉 씨가 학기 초에 힘들어해서 걱정했는데 다행히 대학 생활에 잘 ______________.
3) 갑자기 남자 친구와 헤어졌다며 어제까지 울던 사오리가 이제는 ______________.
4) 태어난 지 불과 한 달밖에 되지 않은 딸이 아픈 걸 보니 가슴이 ______________.
5) 토니 씨가 지난주에 이사를 한 이후로 계속 지각하는 것을 보니 집이 ______________.

하반기	표절	소송	잠잠하다

2. 다음 대화를 완성하십시오.

1) 가: 여보, 몇 시쯤 도착할 것 같아요?

나: 글쎄, 아무래도 퇴근 시간이라서 그런지 계속 차가 ____________________. 얼른 갈게.

2) 가: 다니엘 씨, 수지 씨가 그렇게 살을 많이 뺐다면서요?

나: 네, 그런데 아무래도 요요 현상이 ____________________. 어제 보니 다시 살이 좀 쪘더라고요.

3) 가: 왕명 씨, 산에 오니까 기분이 좋지요?

나: 네, 올라오기 전에는 몰랐는데, 산 정상에 서니 가슴이 ____________________.

4) 가: 세니 씨가 수업 시간에 왜 저렇게 졸고 있어요?

나: 오늘까지 제출해야 할 과제가 있다고 하더니 아무래도 어제 잠을 못 ____________________.

5) 가: 평소와 다르게 민수 씨가 술을 많이 먹네요. 무슨 일 있었어요?

나: 아마 퇴근 전 부장님께 혼나서 기분이 안 좋아 많이 ____________________.

3. 다음 기사를 읽고 기사문의 제목을 만드십시오.

1)

K-pop 콘서트 표 하루 만에 ____________________

한류 스타들의 인기가 날이 갈수록 점점 높아지고 있는 가운데, 이번 'K-pop 문화의 해'를 맞아 싱가포르에서 개최될 콘서트에 대한 기대감도 상승하고 있다. 내일 입장권 판매를 시작하는 곳 앞에서는 벌써 수많은 팬들이 줄을 서서 밤새워 기다리고 있는 상황이다. 지금과 같은 추세로 볼 때 콘서트 표를 구하기는 하늘에서 별 따기보다 어려울 수 있다는 이야기도 나온다.

요요 현상

2)

대학 신입생 환영회

대학에 입학하면 처음 하는 행사인 '신입생 환영회'가 위기를 맞았다. 계속되는 폭음으로 인해 신입생들이 꺼려하는 경우도 있고, 첫 대학 생활을 음주로 시작하는 것을 거부하는 신입생들도 나타나고 있다. 또한 매년 음주 사고에 대한 소식이 끊이지 않으므로 학부모들의 걱정도 이만저만이 아니다. 그러므로 올해 대학 신입생 환영회부터는 각 대학마다 선호 조사를 통해 실시 여부를 결정할 예정이다.

4. 다음 표를 보고 예상되는 결과를 요약하십시오.

	인구	인구 구성	문제점
도시	증가	- 2, 30대 비중이 높음	- 인구 불균형 심각
시골	감소	- 60대 이상 노인층의 비중이 높음	- 노동력 부족

⋯› 도시는 ____.

⋯› 시골은 ____.

더 생각해 보기

A/V-(으)ㄴ/는 것 같다

A/V-(으)ㄴ/는 모양이다

A/V-나 보다

폭음　　　꺼리다　　　여부

2 A/V-(으)ㄹ 게 뻔하다

시작하기 전에

- 선수들의 움직임이 느린 것을 보니 이번 경기도 우리가 질 게 뻔하다.
- 왕명 씨가 어제 새벽까지 컴퓨터 게임을 했다고 하니 오늘도 지각할 게 뻔하다.

현재까지의 상황으로 미루어 볼 때 앞으로의 상황이나 결과를 분명하게 예측할 수 있을 때 사용한다. 부정적인 결과가 예상될 때 사용하는 경우가 많다.

- 올해는 강풍이 심하고 비가 많이 내려 귤 수확량이 **감소할 게 뻔하다**.
- 이 발표를 성공시키지 못하면 이번 프로젝트는 다른 팀에서 **가져갈 게 뻔하다**.
- 왕명이 지금까지 학교에 안 오는 것을 보면 아직도 집에서 **자고 있을 게 뻔하다**.
- 건물 공사의 진행 과정이 더디게 이루어지는 것으로 보아 올해 안에 마무리하지 **못할 게 뻔하다**.

가: 줄리아 씨, 내일 비행기 출발 시간이 9시인데, 공항에 몇 시까지 가면 될까요?
나: 6시까지는 가야 할 것 같아요. 내일부터 연휴니까 공항에 사람이 **많을 게 뻔해요**.

⊙ **과거 시제는 동사와 형용사 모두 'A/V-았/었을 게 뻔하다'의 형태로 사용한다. 현재 시점에서 과거에 그러했을 것이라고 추측함을 나타낸다.**

- 지난주에 개봉한 영화 '서울의 아침'이 재미있다는 소문이 났으니 관객이 많이 **몰렸을 게 뻔하다**.
- 어제 화재가 났을 때 주변 사람들의 도움이 없었다면 더 많은 사람들이 부상을 **당했을 게 뻔하다**.
- 진나 씨가 세미나 자료 준비를 제대로 안 했으므로 교수님께 **혼났을 게 뻔하다**.

⊙ **과거 상황에서 앞으로 그렇게 할 것이라고 추측했음을 나타낼 때는 'A/V-(으)ㄹ 게 뻔했다'의 형태로 사용한다.**

- 어제 늦잠을 자서 버스를 타면 학교에 **지각할 게 뻔했다**. 그래서 택시를 타고 갔나.
- 룸메이트가 여행을 가서 혼자 지낼 **게 뻔했는데** 갑자기 고향에서 부모님이 오셨다.

수확량	더디다	세미나

⊙ **명사의 경우 'N일 게 뻔하다'의 형태로, 과거는 'N였/이었을 게 뻔하다'로 사용한다.**

- 지금 가도 **지각일 게 뻔한데** 친구는 아침밥을 꼭 먹겠다고 고집을 부렸다.
- 저 사람의 실력이면 면접에서 **불합격이었을 게 뻔한데** 어떻게 입사했는지 모르겠다.

⊙ **본인의 의지로 결정되는 일에는 사용하지 않는다.**

- 저는 대학교에 합격했으니까 **입학할 게 뻔해요.** (×)
- 지금 힘들다고 해서 내가 대학 입학을 포기하면 나중에 **후회할 게 뻔하다.** (○)

연습

1. 알맞은 것을 골라 문장을 완성하십시오.

해고당하다	걸리다	떨어지다	어렵다	헤어지다

1) 이 토픽 성적으로 대학에 지원하면 ______________ 다음 시험을 위해 더 열심히 공부해야겠다.

2) 진나 씨가 남자 친구와 틈나는 대로 싸우는 것을 보니 조만간 ______________.

3) 회사 매출이 상반기보다 줄어든 것으로 보아 연봉 인상은 ______________.

4) 김 대리가 지금처럼 계속 회사에 지각하고 근무도 태만하게 한다면 곧 ______________.

5) 계속된 폭염으로 인해 동물원에 살고 있는 북극곰들이 더위에 시달리고 있으며 이대로라면 병에 ______________.

2. 다음 대화를 완성하십시오.

1) 가: 아주머니, 식당 메뉴가 왜 바뀌었어요?

나: 이렇게 손님이 없으면 곧 식당 문을 ______________ 새로 메뉴를 개발해 보려고요.

2) 가: 사오리 씨가 새해 계획으로 매일 아침 출근 전에 한 시간씩 운동을 하기로 했대요.

나: 워낙 포기가 빠르니 이번에도 한 달 만에 ______________. 아직 지켜봐야 할 것 같아요.

입사	태만하다

3) 가: 성주가 내일 일찍 나가야 한다고 했지? 그런데 12시가 넘도록 게임을 하네.

나: 그러게. 저렇게 계속 게임을 하면 내일 늦게 ________________ 그만하라고 하자.

4) 가: 동네 주민들이 왜 그렇게 공장 건설을 반대하는 거죠?

나: 공장을 건설하면 공기와 물이 ________________ 반대하는 거죠.

5) 가: 앤디 씨, 다른 조원들도 과제 자료를 모두 준비했을까요?

나: 글쎄요. 어제까지 시험 기간이었으니까 아직 시작도 ________________.

내일 조별 모임을 조금 늦추는 게 좋을 것 같아요.

3. 다음 대화를 완성하십시오.

1)

왕 명: 마리아 씨는 요즘 몇 시간 정도 자요?

마리아: 저는 요즘 논문 때문에 4시간밖에 못자요, 그래서 항상 피곤해요. 왜요?

왕 명: 어제 현대인들의 수면과 건강이라는 다큐멘터리 프로그램을 봤는데요. 요즘 현대인들의 수면 시간이 매우 짧아지고 있다고 해요.

마리아: 정말요? 수면 시간이 짧아지면 건강에 무슨 영향을 주는데요?

왕 명: 수면 시간이 짧아질수록 스트레스가 해소되지 못해서 건강에 치명적인 영향을 미칠 수 있다고 해요. 마리아 씨도 그렇게 잠을 조금밖에 안 자면 건강이 ________________.

마리아: 그렇군요. 저도 이제부터 충분히 잠을 자야겠어요.

2)

마이클: 흐엉 씨, 다니엘 씨 오랜만이에요. 잘 지냈죠?

흐 엉: 마이클 씨! 어디 아팠어요? 일주일 동안 학교 수업에도 나오지 않아서 다들 걱정했어요.

마이클: 아니요, 아픈 데 없어요. 강원도 설악산으로 여행을 갔다 왔어요.

흐 엉: 여행이요? 말도 없이 또 여행을 갔었다고요?

디니엘: 거 봐요. 제 말대로 여행을 갔다 온 것이 맞잖아요.

마이클: 네, 저는 여행을 좋아해서 가끔 훌쩍 잘 떠나요. 말도 없이 떠나서 다들 걱정했군요. 다음번에는 꼭 말하고 여행을 갈게요.

다니엘: 마이클 씨는 혼자 여행하는 것을 좋아해서 다음번에도 말없이 여행을 ________________.

수면

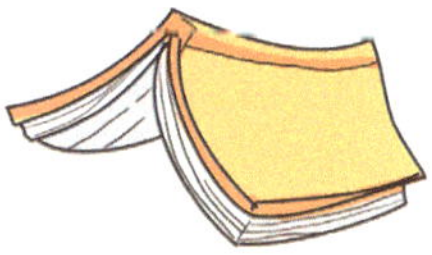

19

태도 표현

① A/V-(으)ㄴ/는 양

1 A/V-(으)ㄴ/는 양

시작하기 전에

- 집주인 아주머니가 자꾸 엄마라도 되는 양 참견한다.
- 제니 씨가 친구들과 다 같이 한 과제를 마치 혼자 한 양 떠들고 다닌다.

…› **실제로 사실은 그렇지 않으나 정말 그런 것처럼 겉으로만 그렇게 행동하는 것을 나타낸다.**

- 옆집 아주머니는 고향이 멀지도 않으면서 명절마다 고향이 **먼 양** 거짓말을 한다.
- 왕명 씨는 문제를 **해결한 양** 말하더니 결국 거짓말한 사실이 드러났다.
- 실제로 유럽에 다녀오지도 않았으면서 잘 **아는 양** 으스대는 사람들이 많다.
- 마이클 씨가 단순한 목감기에 불과한데도 마치 독감이라도 **걸린 양** 엄살을 부린다.

가: 마이클 씨와 수지 씨가 싸웠나 봐. 서로 **모르는 양** 지나가던데.

나: 아직 못 들었어? 둘이 지난주에 헤어졌잖아.

⊙ **동사의 경우 현재 시제에는 'V-는 양'의 형태로, 과거 시제에는 받침 유무에 따라 'V-(으)ㄴ 양'의 형태로 사용한다. 형용사의 경우는 시제에 상관없이 받침 유무에 따라 '-(으)ㄴ 양'의 형태를 사용한다.**

- 시험이라 학생들이 **긴장한 양** 느껴지지만, 사실 멍하게 있을 뿐이다.
- 미나 씨가 그 소문을 **모르는 양** 행동하지만, 이미 2주 전부터 알고 있었다.
- 지금 왕명 씨가 열심히 **공부하는 양** 보이지만, 자세히 보면 휴대폰 게임을 하고 있다.

⊙ **명사의 경우는 'N인 양'의 형태로 사용한다.**

- 요즘 학생들은 모두 **어른인 양** 화장도 하고 치마도 짧게 입는다.
- 룸메이트가 지꾸 내 물건을 자기 **것인 양** 마음대로 써서 기분이 나빴다.
- 수지 씨가 우리 집에 자주 오더니 **제집인 양** 연락도 없이 불쑥 찾아와서 불쾌해졌다.

으스대다	엄살

가: 현우 씨, 취업을 정말 축하해요!

나: 고마워요. 사람들이 너무 대단한 일**인 양** 말하니 부끄럽네요.

⊙ **앞의 주어와 뒤의 주어가 서로 일치해야 한다.**

- 진나 씨는 시험에 실패해도 **괜찮은 양** 말했지만 (진나 씨는) 속으로는 많이 걱정하고 있을 것이다.
- 마이클 씨가 방송에 한 번 나오더니 (마이클 씨가) 유명한 연예인이 **된 양** 행동한다.

연습

1. 〈보기〉와 같이 연결하고 문장을 완성하십시오.

보기 수지 씨가 바쁜 것처럼 말하다 ―――― 계속 전화를 끊어서 짜증이 나다
수지 씨가 바쁜 양 말해서 계속 전화를 끊어서 짜증이 났다.

1) 제니 씨가 큰 사고가 나다 •		• 사귄 지 겨우 100일이 되다
2) 그 커플은 결혼한 지 10년이 지난 것처럼 보이다 •		• 합격하고 나니 말을 바꾸다
3) 우리 언니는 나이가 많은 것처럼 말하다 •		• 배운 지 겨우 한 달이 되다
4) 왕명은 한국어를 굉장히 잘하는 것처럼 말하다 •		• 소란을 피워서 놀랐는데 겨우 손을 살짝 베다
5) 그 회사는 면접 때 월급이 많은 것처럼 이야기하다 •		• 나보다 겨우 한 살이 많다

소란

1) ____.

2) ____.

3) ____.

4) ____.

5) ____.

2. 다음 대화를 완성하십시오.

1)

유미 씨는 정말 대단한 것 같아요.
어떻게 일도 하면서 아이들도 그렇게 훌륭하게 키울 수 있어요?

생각보다 힘들지 않아요.
요즘은 주변 엄마들도 다들 직장에 다니는걸요.
저만 ____________________ 이야기하니 제가 다 부끄럽네요.

2)

마이클 씨, 제가 다음 달부터 미국에 어학연수를 가게 되었어요.
미국에서는 어디가 구경할 만해요?

미안해요. 제가 평소에 친구들에게 자주 ____________________
이야기했지만, 사실 저는 미국에서 여행할 시간이 별로 없었어요.

3)

진나 씨, 줄리아 씨에게 무슨 일이 있어요? 왜 표정이 좋지 않아요?

어제 학교에 오는 길에 지하철에서 지갑을 잃어버렸어요.
어제부터 계속 정신이 ______________ 멍하게 있네요.

3. 알맞은 것을 골라 글을 완성하십시오.

있다	마치다	넘치다	지각하다

아침에 일어나니 벌써 시계 바늘이 9시를 가리키고 있었다. 헐레벌떡 회사에 뛰어가서 1) ______________ 조용히 자리에 앉았다. 원래 오늘 오후에는 발표가 있는데 아직 준비를 비를 마치지 못했다. 그렇지만 부장님께 완벽하게 준비를 2) ______________ 말씀드렸다. 점심시간을 이용해서 발표 준비를 한 탓에 발표 시간 내내 배가 고팠지만, 힘이 3) ______________ 큰 소리로 발표했다. 오늘 저녁에 회식이 있었지만 너무 피곤해서 두통이 4) ______________ 말하고 먼저 집으로 갔다.

완벽하다

4. 다음 그림을 보고 대화를 완성하십시오.

가: 요즘 초등학생들은 다 화장하고 다니는 것 같아요.

나: 맞아요. 모두 1) ______________ 당당하게 화장하고 다녀서 깜짝 놀랐어요.

가: 수지 씨, 왜 이렇게 팀 분위기가 안 좋아요?

나: 과장님이 이번 프로젝트 발표를 자기가 다 2) ______________ 부장님께 이야기해서 팀원들이 화가 났어요.

가: 사오리 씨는 키도 크고 예뻐서 인기가 많겠어요.

나: 그렇지도 않아요. 돈이 3) ______________ 친구들에게 으스대서 별로 인기가 없어요.

더 생각해 보기

A/V-(으)ㄴ/는 척

A/V-(으)ㄴ/는 듯

모범

정답

1 가정 표현

① A/V-(으)ㄹ지라도

1. 1) 가난할지라도
   2) 힘들지라도
   3) 들을지라도
   4) 아이일지라도
   5) 클지라도

2. 1) 떨어질지라도
   2) 올지라도
   3) 힘들지라도
   4) 사람일지라도
   5) 싫을지라도

3. 1) 만들지라도
   2) 비쌀지라도
   3) 사실일지라도

4. 1) 사람일지라도
   2) 나올지라도
   3) 답답할지라도

② A/V-(으)ㄹ망정

1. 1) 흔들릴망정
   2) 작을망정
   3) 좁을망정
   4) 그릇일망정
   5) 받을망정

2. 1) 비록 가난하게 살망정 마음만은 부자처럼 살았다
   2) 우리 학교는 작은 학교일망정 역사와 전통이 깊다
   3) 아이를 키우는 방식은 다를망정 아이를 사랑하는 마음은 같다
   4) 그 가게의 겉모습은 허름할망정 찾아오는 손님들은 많았다
   5) 많은 돈을 벌지 못했을망정 좋은 경험을 했다

3. 1) 볼망정
   2) 버릴망정
   3) 쓰러질망정
   4) 들을망정
   5) 잃을망정

4. 1) 지방에 있을망정
   2) 월급이 적을망정
   3) 입사하지는 못할망정
   4) 돈을 벌지 못할망정

③ A/V-(으)ㄹ지언정

1. 1) 바쁠지언정
   2) 어려울지언정
   3) 거절할지언정
   4) 좋을지언정
   5) 어릴지언정

2. 1) 다른 사람에게 돈을 빌리지는 않을 것이다
   2) 가족들을 소홀히 대해서 결국 혼자가 되었다
   3) 내 꿈을 향해 끝까지 노력할 것이다
   4) 다른 사람 것을 베껴 쓰지 않을 것이다
   5) 길거리에 버려진 고양이를 두고 갈 수 없었다

3. 힘들지언정

4. 1) 강할지언정
   2) 작을지언정
   3) 떨릴지언정

2 강조 표현

① A/V-기만 하다

1. 1) 매일 아침에 물을 한 잔 마시기만 해도 건강을 유지할 수 있다
   2) 진나 씨는 아침에 일찍 일어나기만 했을 뿐 아무것도 준비하지 않았다
   3) 그 식당은 맛도 없고 비싸기만 한데 사람이 많은 이유를 모르겠다
   4) 나는 시험을 망쳐서 속상하기만 한데 룸메이트가 생일 파티를 하자고 한다
   5) 한국에서 오래 살기만 했다고 해서 한국어를 유창하게 할 수 있는 것은 아니다

2. 1) 화창하기만 하네요
   2) 낯설기만 하더라고요
   3) 어렵기만 하네요
   4) 울기만 하는데
   5) 지나치기만 하다가

3. 1) 발표하기만 하면
   2) 만들기만 하는

4. 1) 혼내기만 하면
   2) 시키기만 하기보다는

② V-(으)라니까(는)

1. 1) 오라니까
   2) 치우라니까
   3) 먹으라니까
   4) 풀라니까
   5) 귀담아들으라니까

2. 1) 떠나라니까
   2) 응모하라니까
   3) 말라니까
   4) 투자하라니까
   5) 거절하라니까

3. 1) 자라니까
   2) 치우라니깐
   3) 하시라니까요
   4) 말씀드리라니까

4. 1) 움직이지 말라니까
   2) 그만 마시라니까
   3) 들어오라니까

③ V-(으)ㄹ래야 V-(으)ㄹ 수가 없다

1. 1) 찾을래야 찾을 수가 없다
   2) 지을래야 지을 수가 없다
   3) 도울래야 도울 수가 없다
   4) 만들래야 만들 수가 없다
   5) 입을래야 입을 수가 없다

2. 1) 끊을래야 끊을 수가 없어요
   2) 키울래야 키울 수가 없어
   3) 먹을래야 먹을 수가 없었어
   4) 거절할래야 거절할 수가 없었어
   5) 안 친해질래야 안 친해질 수 없었죠

3. 1) 배울래야 배울 수가 없었다
   2) 갈래야 갈 수가 없었다
   3) 할래야 할 수가 없었다

4. 1) 9시에 도착할래야 도착할 수가 없었다
   2) 상대 선수를 따라갈래야 따라갈 수가 없었다
   3) 우리 팀이 이길래야 이길 수가 없었다

④ A-다고 // V-ㄴ/는다고 해도 과언이 아니다

1. 1) 착하다고 해도 과언이 아닐

2) 연예인이 되고 싶어 한다고 해도 과언이 아닐
3) 부활했다고 해도 과언이 아니다
4) 제2의 고향이라고 해도 과언이 아니다
5) 힘들다고 해도 과언이 아니다

2. 1) 인기가 있다고 해도 과언이 아니에요
2) 못 잔다고 해도 과언이 아니에요
3) 중요하다고 해도 과언이 아니거든요
4) 전부라고 해도 과언이 아닐 거예요
5) 예쁘다고 해도 과언이 아닐 것 같아요

3. 있다고 해도 과언이 아닐 정도로

4. 휴식의 공간이라고 해도 과언이 아니다

3 결과/회상 표현

① A/V-데(요)

1. 1) 힘들데요
2) 뿌듯하데요
3) 빠졌데요
4) 정정하시데요
5) 치데요

2. 1) 주데요
2) 풀리데요
3) 예쁘데요
4) 반갑데요
5) 같데요

3. 1) 다르데
2) 보이데
3) 풀리데
4) 아쉽데

4. 1) 다르데
2) 신기하데
3) 아름답데

② A/V-(으)ㄴ 나머지

1. 1) 괴로운 나머지
2) 긴장한 나머지
3) 당황한 나머지
4) 바쁜 나머지
5) 서두른 나머지

2. 1) 된장찌개를 오래 끓인 나머지 짜서 먹지 못했다
2) 혼자 있는 것이 익숙해진 나머지/(결과) 잘 때 누가 있으면 오히려 불편하다
3) 친구는 마라톤을 마치고 탈진한 나머지 그 자리에서 쓰러졌다
4) 그 선수는 자신의 경기력에 실망한 나머지 점수도 보지 않고 경기장을 빠져나갔다
5) 그는 자기 마음을 몰라주는 유미 때문에 마음이 상한 나머지/(결과) 술을 많이 마셨다

3. 1) 결과
2) 나머지
3) 나머지
4) 나머지
5) 결과

4. 1) 확장한 나머지
2) 품은 나머지
3) 흥분한 나머지

4 나열 표현

① A-(으)니 A-(으)니 (하다) // V-느니 V-느니 (하다)

1. 1) 머니 가까우니
2) 쉬우니 어려우니

3) 잘하느니 못하느니
4) 옳으니 그르니
5) 먹느니 마느니

2. 1) 키가 작으니 나이가 많으니
2) 너무 더우니 음식이 너무 짜니
3) 비싸다느니 어쩌니
4) 하느니 마느니
5) 있느니 없느니

3. 1) 뭐니 뭐니 해도
2) 아까우니 어쩌니 해도
3) 이러니저러니 해도
4) 하느니 마느니 해도
5) 사느니 마느니 해도

4. 1) 노래를 잘하느니 춤을 못 추느니
2) 고생이 많았다느니 내년에 더 열심히 일하자느니
3) 도움이 되느니 안 되느니

② N(이)며 N(이)며

1. 1) 영어며 스페인어며
2) 춤이며 노래며
3) 책이며 노트북이며
4) 축구며 야구며
5) 과자며 과일이며

2. 1) 세탁기며 에어컨이며
2) 부동산이며 주식이며
3) 성격이며 식성이며
4) 잘 먹는 거며 빨리 먹는 거며
5) 애교가 많은 거며 상냥한 거며

3. 1) 화려한 무대 매너며 잘생긴 외모며
2) 무뚝뚝한 거며 말이 없는 거며
3) 집이며 학교며
4) 작사며 작곡이며
5) 따뜻한 마음이며 뛰어난 재능이며

5 높임법

① 주체 높임

1. 1) 어울리시는데요
2) 세셨다
3) 거르시면
4) 아프셨지만 / 편찮으셨지만
5) 넉넉하신

2. 1) 말씀
2) 잡수셨던
3) 편히시지요
4) 있으셔서
5) 좋아지셨어요

3. 1) 건강하시다
2) 준비하신다
3) 잡수신다
4) 말씀하신다
5) 사셨으면

② 상대 높임

1. 1) 여쭤볼 게 있는데 시간이 있으십니까?
2) 지금부터 회의를 시작하겠습니다
3) 시간이 늦었으니 그만 가겠네
4) 왜 이렇게 늦었어. 일찍 좀 다녀
5) 할아버지, 무척 더우시지요?
여기로 오세요

2. 1) 반납해 줄게
2) 다녀오세요?
3) 했나?
4) 어떠십니까?

5) 지냈소

3. 1) 아픈가?
2) 하나?
3) 쉬게
4) 같아
5) 아파
6) 했어

③ 객체 높임

1. 1) 모시러
2) 여쭤보자
3) 사 드렸어
4) 말씀드릴게요
5) 뵙기로 했어요

2. 1) 말씀드리는
2) 사시는
3) 찾아뵙고
4) 모셔다드리고
5) 드리고

3. 1) 사 드렸다
2) 말씀드렸을
3) 찾아뵙고
4) 만나 뵙고
5) 모시고

6 당연/당위 표현

① A-(으)ㄴ 법이다 // V-는 법이다

1. 1) 늙는 법이다
2) 추운 법이다
3) 많은 법이다
4) 생기는 법이다
5) 떨어지는 법이다

2. 1) 없는 법이네요
2) 떨어지는 법이야
3) 힘든 법이죠
4) 하는 법이지
5) 잊히는 법이지

3. 1) 도둑이 제 발 저리는 법이다
2) 뛰는 놈 위에 나는 놈이 있는 법이다
3) 바늘 도둑이 소도둑 되는 법이라며
4) 등잔 밑이 어두운 법이다

4. 1) 늦는 법이 없다
2) 없는 법인가
3) 돕는 법이다

7 대조/반대 표현

① A/V-고도

1. 1) 저지르고도
2) 확인하고도
3) 넘어지고도
4) 실패하고도
5) 가지고도

2. 1) 예매하고도
2) 고생하고도
3) 당하고도
4) 활기차고도
5) 짜고도

3. 1) 유미는 과장님께 혼나고도 계속 같은 실수를 했다
2) 두 번이나 빨래를 하고도 빨래할 것이 더 남았다
3) 두 사람은 자주 심하게 싸우고도 빨리 화해하는 편이다

4) 어머니는 아이의 거짓말을 알고도 그냥 모르는 척해 주었다
5) 졸업 증명서를 떼러 학교에 가지 않고도 인터넷으로 발급 받을 수 있다

4. 1) 가깝고도 먼
2) 길고도 짧게
3) 쉬고도 피곤하다고
4) 기발하고도 독창적이었다
5) 힘들고도 재미있다

8 명사화 표현

① A/V-(으)ㅁ

1. 1) 교수임
2) 솔직함
3) 왔음
4) 바람
5) 죄송함

2. 1) 오후에 갬
2) 반입을 금함
3) 안정을 취해야 함
4) 출발 시간이 지연됨
5) 강아지를 찾음

3. 1) 나눔
2) 표시함
3) 관찰함/확인함
4) 높아짐
5) 활성화됨

4. 1) 구매함
2) 받음
3) 줌
4) 좋아하심

9 상황/기준 표현

① N치고 ②

1. 1) 변호사치고
2) 도서관치고
3) 매운 음식치고
4) 공포 영화치고
5) 대학생치고

2. 1) 이 브랜드의 신발치고 비싸지 않은 것이 없다
2) 그 사람 얘기치고 믿을 만한 것이 없다
3) 서울 여행을 하는 사람치고 명동에 안 가는 사람은 없다
4) 우리 학교 학생치고 김성주 선생님을 모르는 사람은 없다
5) 다른 사람을 무턱대고 욕하는 사람치고 괜찮은 사람은 못 봤다

3. 1) 남자치고
2) 식당치고는
3) 중소기업치고
4) 음식치고
5) 신입 사원치고

4. 1) 야구 선수치고
2) 신인 선수치고
3) 가족치고
4) 경기치고는

② A/V-(으)ㅁ에 따라

1. 1) 개통됨에 따라
2) 증가함에 따라
3) 취득함에 따라
4) 방영됨에 따라
5) 중단함에 따라

2. 1) 경기가 빠르게 회복됨에 따라 취업률이 증가하고 있는 추세이다
2) 주택 대출 조건이 강화됨에 따라 신규 주택 구입자가 줄어들 것이다
3) 건강한 먹거리에 관심이 높아짐에 따라 직접 채소를 기르는 사람들이 늘어났다
4) 바뀐 입학 규정이 신입생부터 적용됨에 따라 새 입학 규정 안내 교육을 실시했다
5) 앞으로도 기술 개발에 많은 돈을 투자함에 따라 신기술은 더 늘어날 것으로 봤다

3. 1) 확인 절차를 간소화함에 따라
2) 급성장세를 이어감에 따라
3) 1인 가구가 증가함에 따라

4. 1) 인하함에 따라
2) 사라짐에 따라
3) 늘어남에 따라
4) 가동함에 따라

10 순서 표현

① V-(으)ㄴ 다음에야

1. 1) 상황이 아닌 다음에야
2) 마친 다음에야
3) 잡은 다음에야
4) 확정된 다음에야
5) 신은 다음에야

2. 1) 아닌 다음에야
2) 당한 다음에야
3) 보낸 다음에야
4) 떨어진 다음에야
5) 기다린 다음에야

3. 1) 제거한 다음에야
2) 뺀 다음에야
3) 아닌 다음에야

② V-고서

1. 1) 약을 먹고서 감기가 나았다
2) 중요한 회의가 있어 양복을 입고서 회사에 출근했다
3) 동생은 내 주스를 마시고서 안 마신 척했다
4) 밤을 새우지 않고서 그 과제를 끝낼 수 없었다
5) 그녀는 진급을 하고서 사람이 달라졌다는 소문이 돌았다

2. 1) 타고서
2) 없고서
3) 보시고서
4) 예매하지 않고서
5) 끝내고서

3. 1) 확인하고서
2) 고정시키고서
3) 끄지 않고서

11 원인·이유 표현

① A-(으)니만큼 // V-느니만큼

1. 1) 예상되느니만큼
2) 공공 기관이니만큼
3) 건조하니만큼
4) 힘드니만큼
5) 등록금이니만큼

2. 1) 곳이니만큼
2) 공부했으니만큼
3) 맛있으니만큼
4) 작으니만큼
5) 신제품이니만큼

3. 증가하느니만큼

4. 1) 방학이니만큼
  2) 준비했으니만큼

② A/V-기에/길래

1. 1) TV에서 견과류가 치매 예방에 좋다기에 할머니께 자주 사다 드린다
  2) 내일부터 여름 방학이기에 부모님이 계신 고향에 다녀오려고 한다
  3) 만난 지 10년이 지났기에 친구가 나를 알아볼지 모르겠다
  4) 계단에서 발을 헛디뎌 발목을 삐끗했기에 병원에 갔다
  5) 그 신문사에서 허위 사실을 유포했기에 회사는 소송을 할 예정이다

2. 1) 비가 온다길래(기에)
  2) 인기가 많길래(기에)
  3) 안 일어나길래(기에)
  4) 약속 시간에 늦었길래(기에)
  5) 어디를 가길래(기에)

3. 1) 도와주셨기에
  2) 주셨기에
  3) 이루었기에

4. 1) 부부 싸움이 많기에
  2) 사용하기에

12 유사 표현

① A-(으)ㄴ 듯이 // V-는 듯이

1. 1) 날아갈 듯이
  2) 부상을 입지 않은 듯이
  3) 만나는 듯이
  4) 졸린 듯이
  5) 아는 듯이

2. 1) 만난 듯이
  2) 알아들은 듯이
  3) 당첨된 듯이
  4) 쥐 죽은 듯이
  5) 있는 듯이

3. 1) 쏟아질 듯이
  2) 날아갈 듯이

4. 1) 쏟아질 듯이
  2) 맞닿는 듯이
  3) 보이는 듯이

13 의도 표현

① V ㄴ/는다는 것이

1. 1) 커피숍에서 커피를 주문한다는 것이 그만 주스를 주문하고 말았다
  2) 어젯밤에 택시 요금으로 5,000원을 낸다는 것이 어두워서 50,000원을 냈다
  3) 친구에게 사과한다는 것이 이야기를 하다가 화가 나서 더 싸우고 말았다
  4) 바자회에 필요 없는 물건을 낸다는 것이 남자 친구가 선물한 옷을 내고 말았다
  5) 인터넷으로 과제에 필요한 자료를 찾는다는 것이 좋아하는 배우 관련 기사만 보고 있다

2. 1) 끓인다는 것이
  2) 전화한다는 것이
  3) 넣는다는 것이
  4) 들른다는 것이
  5) 정리한다는 것이

3. 1) 일어난다는 것이
2) 준비한다는 것이
3) 예약해 놓는다는 것이
4) 주문한다는 것이

4. 한다는 것이

② V-(으)려다가

1. 1) 배가 고파서 혼자 밥을 먹으려다가 수업이 끝나서 돌아온다는 룸메이트를 기다렸다
2) 버스를 타려다가 길이 막혀서 늦을까 봐 지하철을 타러 갔다
3) 할머니의 생신 선물을 사 드리려다가 무엇을 좋아하실지 몰라서 현금으로 드렸다
4) 부상으로 이번 경기를 포기하려다가 팬들의 응원에 힘입어 참여하게 되었다
5) 인터넷으로 가구를 주문하려다가 직접 실물을 보고 사고 싶어서 마트에 왔다

2. 1) 기르려다가
2) 이직하려다가
3) 지나가려다가
4) 하려다가
5) 만들려다가

3. 1) 이야기를 하려다가 선생님께 상담을 하기로 했다
2) 이메일을 보내려다가 인터넷 기사만 읽고 있었다

4. 1) 가려다가
2) 사려다가

14 인용 표현

① A-다니까 // V-ㄴ/는다니까

1. 1) 세계 곳곳에서 물 부족 현상이 심각하다니까 우리도 일상생활에서 물을 아껴 쓰는 방법을 강구해야 한다
2) 이번 방학에 유럽으로 두 달 동안 배낭여행을 간다니까 친구들이 모두 부러워했다
3) 제니 씨가 다음 달에 결혼한다니까 동료들이 깜짝 놀라며 축하해줬다
4) 새로 개업한 식당의 음식이 맛있다니까 오늘 우리 반 회식은 그곳에서 하기로 결정했다
5) 올해도 경제 상황이 어렵다니까 기업에서 신입 사원을 많이 채용하기는 어려울 것으로 보인다

2. 1) 좋았다니까
2) 안 되냐니까
3) 만들라니까
4) 만나자니까
5) 몰린다니까

3. 1) 정신이 몽롱하다니까
2) 병원에 입원했다니까

4. 산다니까

② A-대 // V-ㄴ/는대

1. 1) 예쁘대
2) 친해지고 싶대
3) 그만두어야 한대
4) 듣는대
5) 받지 않는대

2. 1) 편하대요
2) 짓는대
3) 허전하시대요
4) 투자한대요
5) 입어 봤대요

3. 1) 있대? / 입원했대 / 부탁했대
2) 완성된대? / 무리래 / 돌아온대

4. 1) 한대?
2) 여행이래
3) 휴식한대

③ A-다면서 // V-ㄴ/는다면서

1. 1) 안나 씨가 한 시간 전에 출발했다면서 아직도 도착하지 않았다
2) 다니엘 씨가 아까부터 숙제를 한다면서 컴퓨터만 보고 있다
3) 민수는 담배를 끊는다면서 여전히 피워 댔다
4) 리사가 배가 아프다면서 오늘 회의에 참석하지 못했다
5) 부모님께서는 동생이 너무 어리다면서 동생의 독립을 반대하셨다

2. 1) 불쌍하다면서
2) 바쁘다면서
3) 감소했다면서
4) 뜨겁다면서
5) 받는다면서

3. 1) 기부한다면서 / 다니지 못하셨다면서 / 공부한다면서
2) 많다면서 / 구할 수 있다면서 / 부족하다면서

4. 늘었다면서

15 정도 표현

① A/V-(으)리만치

1. 1) 냉정하리만치
2) 먹으리만치
3) 말할 수 없으리만치
4) 선정되리만치
5) 심각하리만치

2. 1) 눈이 부시리만치
2) 믿어지지/믿기지 않으리만치
3) 명쾌하리만치
4) 들썩하리만치
5) 손 하나도 까딱하지 않으리만치

3. 1) 이해할 수 없으리만치
2) 살 수 없으리만치
3) 디디지 못하리만치

4. 1) 다물 수 없으리만치
2) 믿어지지/믿기지 않으리만치
3) 무서우리만치

② A/V-(으)ㄴ/는 만큼

1. 1) 내일부터 꽃샘추위가 올 것으로 예상되는 만큼 두꺼운 옷으로 감기를 대비해야 한다
2) 고등학생인 동생이 외모에 신경 쓰는 만큼 공부에도 신경을 쓰면 반에서 1등을 할 것이다
3) 내일부터 회의 준비로 잘 시간이 없는 만큼 오늘은 푹 쉬기로 했다
4) 마리아는 처음으로 과대표를 맡는 만큼 친구들을 위해 열심히 일하기로 결심했다
5) 병원에 따라 진료비 차이가 크게 나는 만큼 국가적으로 제도적 정비와 안내가 필요하다

2. 1) 아픈 만큼
2) 먹을 만큼만
3) 도와주신 만큼
4) 사귄 만큼
5) 먼 만큼

3. 노력하는 만큼

4. 1) 시작한 만큼
2) 도와주신 만큼

16 조건 표현

① V-는 한

1. 1) 부모님에게서 경제적 독립을 하지 않는 한 진정한 성인이라고 하기 어렵다
   2) 지금처럼 폭설이 계속 내리는 한 차가 밀려서 제시간에 도착할 수 없다
   3) 모든 사람이 힘을 합치지 않는 한 이번 일을 제대로 마칠 수 없을 것이다
   4) 좋아하는 사람에게 내 마음을 고백하지 않는 한 그 사람은 내 마음을 알 수 없다
   5) 열정과 용기를 갖고 꾸준히 노력하는 한 처음에 목표한 꿈을 이룰 수 있다

2. 1) 자신의 잘못을 깨닫거나 더 이상 발전하기는 어렵다
   2) 야생 동물의 개체 수는 점점 줄어들 것이다
   3) 한국어를 배우기는 쉽지 않다
   4) 시험이 아무리 어려워도 꼭 합격할 수 있을 것이다
   5) 언젠가는 내 집 마련의 꿈을 이룰 수 있을 것이다

3. 1) 없는 한 / 있는 한
   2) 늘어나는 한

4. 1) 오지 않는 한
   2) 늘리지 않는 한

17 추가 표현

① N을/를 막론하고

1. 1) 이유 여하를 막론하고
   2) 동서고금을 막론하고
   3) 인종을 막론하고
   4) 남녀노소를 막론하고
   5) 여야를 막론하고

2. 1) 시대를 막론하고
   2) 직종을 막론하고
   3) 이유를 막론하고

3. 국적을 막론하고

4. 1) 남녀노소를 막론하고
   2) 이유를 막론하고
   3) 동서양을 막론하고

18 추측/가능 표현

① A/V-(으)ㄴ/는 듯하다

1. 1) 비슷한 듯해서
   2) 적응하는 듯해요
   3) 잠잠한 듯하다
   4) 찢어지는 듯하다
   5) 먼 듯하다

2. 1) 밀리는 듯해
   2) 일어난 듯해요
   3) 트이는 듯해요
   4) 잔 듯해요
   5) 먹는 듯해요

3. 1) 매진될 듯
   2) 사라질 듯

4. 1) 젊은 층의 인구가 크게 늘어 인구 불균형이 심각할 듯하다
   2) 점차 인구가 감소하여 앞으로 노동력이 부족할 듯하다

② A/V-(으)ㄹ 게 뻔하다

1. 1) 떨어질 게 뻔하니
   2) 헤어질 게 뻔하다
   3) 어려울 게 뻔하다
   4) 해고당할 게 뻔하다
   5) 걸릴 게 뻔하다

2. 1) 닫을 게 뻔하니
   2) 포기할 게 뻔해요
   3) 일어날 게 뻔하니
   4) 더러워질 게 뻔하니
   5) 못 했을 게 뻔해요

3. 1) 나빠질 게 뻔하다
   2) 갈 게 뻔하다

19 태도 표현

① A/V-(으)ㄴ/는 양

1. 1) 제니 씨가 큰 사고가 난 양 소란을 피워서 놀랐는데 겨우 손을 살짝 벴을 뿐이다
   2) 그 커플은 결혼한 지 10년이 지난 양 보이지만 사귄 지 겨우 100일이 되었다
   3) 우리 언니는 나이가 많은 양 말하지만 언니는 나보다 겨우 한 살이 더 많다
   4) 왕명은 한국어를 굉장히 잘하는 양 말했지만 배운 지 겨우 한 달이 되었다
   5) 그 회사는 면접 때 월급이 많은 양 이야기하더니 합격하고 나니 말을 바꿨다

2. 1) 대단한 양
   2) 여행한 양
   3) 나간 양

3. 1) 지각하지 않은 양
   2) 마친 양
   3) 넘치는 양
   4) 있는 양

4. 1) 어른인 양
   2) 준비한 양
   3) 많은 양

어휘
색인

1-1

유기농
터무니없다
지장
방침
근심
내색하다
부당하다
굴복하다
부쩍
명품
와전되다
언쟁
구설
비위
위태롭다
윗사람
공감

1-2

명예
철없다
한결
진수성찬
중량
겉모습
허름하다
단속
원망
비결
신조
복지
혜택

1-3

급속도
악화되다
베끼다
구차하다
구걸하다
책임감
취지

2-1

매번
속내
낯설다
완연하다
자기 계발
취업난
망치다
유창하다
차원
단절
대비책
증설하다
시행하다
사춘기

2-2

꾸짖다
부담되다
귀담아듣다
뒹굴뒹굴하다
잔소리
꼬박꼬박
말대꾸

2-3

도통
허가
간곡히
알차다
장롱 면허
젖 먹던 힘까지

2-4

부활하다
선망
승패를 가르다
입상하다
꿈나무
협연
아담하다
조성되다

당분
저작근
자기공명촬영
주의력
관여되다

9-1

인스턴트
셈
말주변
소장
하나같이
무턱대고
중소기업
데뷔 경기
하늘을 찌르다
만원
타격
중심 타자
타수
안타

9-2

확산되다
개통되다
특허
공기업
전역
강화되다
간소화하다
대폭

가동하다

10-1

비로소
아물다
전공하다
작정하다
가량

10-2

슬슬
진급
숙지하다
가연성
점화하다
불씨
측면

11-1

쾌적하다
재난
송년회
유난히
건조하다
인상
모색하다
보존되다
월등하다
반려동물

애호가

11-2

불우이웃
함유량
견과류
헛디디다
삐끗하다
허위
유포하다
달성하다
슬럼프

12-1

섭섭하다
맞닿다
노려보다
만회하다
복권
생생하다

13-1

양산
독하다
수험표
마감
바자회
비난
들뜨다

직종
사시사철
여야
여하
동서고금
존중
안목
내전
고아
입양
인권
인류

18-1

흠뻑
상사
들통이 나다
하반기
표절
소송
잠잠하다
요요 현상
폭음
꺼리다
여부

18-2

수확량
더디다
세미나
입사
태만하다
수면

19-1

으스대다
엄살
소란
완벽하다

문법
색인